Dieter Buck

Erlebnis-Wandern!

Vorarlberg
Mit Kindern unterwegs

Zwischen Bodensee, Bregenzerwald,
Arlberg und Montafon

Tyrolia-Verlag · Innsbruck-Wien

Inhalt

Vorwort 3
Mit Kindern in die Berge 7
Wandern mit allen Sinnen 8

REGION: BODENSEE-VORARLBERG

1 Walderlebnispfad Möggers 11
Über den Bach wie Tarzan an der Liane

2 Bergab vom Pfänder 14
Wilde Tiere und eine Burgruine

3 Tierpark und Käsewanderweg 18
Viele Möglichkeiten auf dem Pfänder

4 Bodensee und Rheindelta 21
Tour für Naturfreunde

5 Durch die Polder zum Badeplatz 24
Wanderung am Bodensee und durchs Ried

6 Aussichtstour zur Wallfahrtskirche 27
Nicht über die Wurzeln purzeln

7 Karren und Staufenrundgang 31
Auf einem Höhenweg rund um den Staufen

8 Durch die wilde Rappenlochschlucht 34
Zwei Schluchten und alte Luxusautos

9 Zur Ruine Alt-Ems 37
Vorbei an Höhle und Bergsturz

10 Der Wildpark auf dem Ardetzenberg 40
Der mit dem Wolf tanzt

11 Über den See zur Burgruine 43
Schwarzer See und Ruine Sigburg

REGION: BREGENZERWALD

12 In Riefensberg bergab zum Barfußweg 46
Etwas für die Harten

13 Wildwasser neben dem Bahndamm 48
Entlang der Bregenzerach

14 Naturwunder und Mutprobe 51
Quelltuffwanderung und Hängebrücke

- **15** In die Engenlochschlucht 54
  Unterwegs auf dem Wasserwanderweg
- **16** Rund um den Leckersee 57
  Alpwiesen, so weit man blickt
- **17** Vom Bödelesee zum Fohramoos 60
  Viel zu sehen
- **18** An der Bregenzerach 63
  Wildes und gezähmtes Wasser
- **19** Über die Niedere 66
  Fernsicht bis zum Bodensee
- **20** Durch den Höhlenpark 69
  Bergab zwischen haushohen Felsbrocken
- **21** Sünser See und Blauer See 72
  Wo der wilde Sünser Stier haust
- **22** Zur Ugaalpe 76
  Bergerlebnis auch für die Kleinen
- **23** Abwärts vom Diedamskopf zum Wasserfall 79
  Alplandschaft und 100 Gipfel
- **24** Kalbelesee und Körbersee 82
  Ruderbootfahrt mit Bergidylle

REGION: ALPENREGION BLUDENZ

- **25** Zur Ruine Blumenegg 85
  Vorbei am Thüringer Wasserfall
- **26** Wasserziele um Thüringen 88
  Ein Wasserfall und vier Seen
- **27** In die Bürser Schlucht 92
  Spielmöglichkeiten im Bachbett
- **28** Der Kesselfall im Brandnertal 95
  Tour zum rauschenden Wasserfall
- **29** Walderlebnispfad Marul 98
  Bach und Wasserfall
- **30** Bad Rotenbrunnen und Kessanaschlucht 100
  Ehemaliges Kurbad und wilde Bäche

REGION: MONTAFON

- **31** Der Lünersee 104
  Früher Natursee, heute Stausee

32 **Fritzensee – Faulensee – Torasee** 107
Drei Seen und ein Bergwerk

33 **Durchs Silbertal** 111
Ein Hochmoor und viele Wasserfälle

34 **Zur Lindauer Hütte** 115
Gemütliche Hangwanderung zum Alpengarten

35 **Herzsee und Schwarzsee** 118
Bergab mit viel Aussicht

36 **Der Balbierfall** 121
Spielen und grillen am Wasserfall

37 **Zum Gafierjoch** 124
Schneeballschlacht im Sommer

38 **Durch das Fenggatobel** 128
Steiler Aufstieg neben wilden Wasserfall

39 **Der Wiegensee** 131
Eingebettet in Latschen zu Füßen der Versalspitze

40 **Um den Silvrettasee** 133
Strandleben auf über 2000 Meter Höhe

REGION: ARLBERG

41 **Zum Steinernen Meer** 135
Vom Formarinsee zum Felslabyrinth

42 **Gipslöcher und Walserweg** 140
Mondlandschaft und Alpen

43 **Der Spullersee** 146
Ein Stausee und eine aussichtsreiche Almentour

44 **Über den Rüfikopf zum Monzabonsee** 150
Murmeltiere, Kälbchen und Jausenfels

REGION: KLEINWALSERTAL

45 **Durch die Breitachklamm** 153
Eine der wildesten Klammen!

46 **Im Schwarzwassertal** 156
EIne Naturbrücke, Wasserfälle und Auswaschungen

47 **Auf dem Höhenweg** 159
Bergab im Kleinwalsertal

48 **Im Banne des Widderstein** 161
Leicht hinauf ins Gemseltal

Mit Kindern in die Berge

Besonders schön ist es in den Bergen mit Kindern und für Kinder. Damit es auch ein bleibend schönes Erlebnis wird, sollte man Folgendes beachten:

- Der Weg ist Spielplatz! Tiere, Blumen, Wurzeln und Steine sind Spielzeug. Daher besonders an gefährlichen Stellen auf die Kinder aufpassen!
- Die Weglänge auf die Kinder einstellen (2 bis 4 Stunden, mehr Abstieg als Aufstieg). Besonders schön ist es für Kinder, mit der Bahn hochzufahren und „nur" noch absteigen zu müssen. Auf dem Sessellift auf den Schoß nehmen und gut festhalten!
- Ist das Kind gerade im Stolperalter, ist besondere Vorsicht geboten. Nehmen Sie es gegebenenfalls an eine Reepschnur oder ein Seil.
- Machen Sie häufig Pausen und bieten Sie Essen und Trinken an. Man kann auch die Lieblingsleckerei bzw. das Lieblingsessen als Belohnung mitnehmen.
- Nehmen Sie genügend zum Trinken mit, damit kein Durst aufkommt. An heißen Sommertagen ist bei einer mehrstündigen Tour ein Liter zu wenig! Außerdem sollte das Getränk nicht zu süß sein, säuerlich ist besser (zum Beispiel einen Schuss Grapefruitsaft in einen mit Wasser gespritzten Apfelsaft).
- Sonnenschutz ist unbedingt erforderlich: Kopfbedeckung, Sonnencreme und gegebenenfalls eine gute Sonnenbrille.
- Kommt man unterwegs an Wasser – Bächen, Tümpeln, Seen – vorbei, ist dies für Kinder besonders interessant. Dann muss aber auch Pause gemacht werden! Am besten nimmt man Ersatzkleidung im Rucksack mit.
- Eine kleine Erste-Hilfe-Ausrüstung sollte immer dabei sein.
- Sehr wichtig sind auch gute Schuhe mit griffiger Profilsohle, die ausreichend Halt geben und nicht zu klein sind!
- Wichtig für Kinder ist ein eigener Rucksack. Hier kann das Kind außer der eigenen Trinkflasche noch Dinge einpacken, die ihm wichtig sind, zum Beispiel ein Stofftier oder eine Puppe. Man sollte aber darauf achten, dass das Kind die Sachen auch selbst (bis zum Schluss!) tragen kann.
- Ein Bestimmungsbuch für Pflanzen und Tiere kann oft gute Dienste leisten und für willkommene Abwechslung sorgen.

Wandern mit allen Sinnen

Sehen
Was sieht man alles an kleinen Dingen: Blätter, Beeren, Tiere (Käfer, Ameisen, Schnecken, Wassertiere in Pfützen). Die Tiere beobachten, ihren Weg verfolgen (aber nicht quälen oder ärgern). Wer entdeckt am meisten?

Riechen
Was riecht man alles? Wie riecht es? Feuchte Erde, Laub nach Regen, Blumen, Nadelbäume, Gras … An was erinnert der Duft? Wem fallen die meisten ähnlichen Düfte ein?

Hören
Hört mal! Was kann man alles hören, wenn man ganz ruhig ist? Vogelstimmen (wer weiß, welche Vögel das sind?), Blätterrauschen, Froschgequake, Grillengezirpe, Gespräche, Glockenläuten oder Verkehrslärm aus dem Tal, Rascheln von Mäusen oder Käfern, Murmeltierpfiffe …

Tasten
Schließt die Augen und fühlt die Oberfläche verschiedener Bäume. Tastet Steine ab oder die Oberfläche eines Blattes, Erde, Sand …

Schmecken
Versucht, ganz bewusst den Geschmack des Essens unterwegs zu erfahren: Wie schmecken das Brot, die Wurst oder der Apfel? Vielleicht findet ihr Beeren, Bucheckern oder Ähnliches. Was ist sauer, süß, fruchtig, nussig, trocken, feucht …?

Raten
Versucht mit verbundenen Augen einen Gegenstand zu erraten. Um es einfacher zu machen, darf man ihn abtasten. Schwieriger wird es, wenn man ihn nur durch Fragen erraten darf. Anstatt die Augen zu verbinden, kann man den Gegenstand auch in einen Rucksack geben und ihn dort abtasten. Auch beim Wandern kann man ein Ratespiel

machen: Jemand denkt sich z. B. ein Tier, einen Gegenstand oder eine Person aus und die anderen müssen es erraten. Dann kommt der Nächste dran.

Sammeln

Nehmt (kleine) Dinge mit, die ihr gefunden habt, um daraus ein Bild oder gar ein Urlaubstagebuch zu gestalten: Blätter, Ästchen, Steinchen, verschiedene Gräser, Federn, verschiedenfarbige Erde ...

„Werkzeug" mitnehmen

Schaut, dass ihr immer etwas dabei habt, um damit zu basteln. Ein Taschenmesser haben vermutlich die Eltern im Rucksack. Aber auch Schnur, etwas Draht, einen kleinen Block, Bleistifte, Buntstifte und Ähnliches kann man immer gebrauchen. Nehmt für die Dinge, die ihr sammelt, Plastiktüten oder kleine Schachteln mit.

Spielzeug mitnehmen

Die Lieblingspuppe oder das Lieblingsstofftier habt ihr vielleicht ohnehin im Rucksack. Aber nehmt auch kleine

Blumenwiese in Schoppernau (© Au-Schoppernau Tourismus)

Spielfiguren mit (zum Beispiel von Lego oder Playmobil). Es gibt überall Gelegenheit, mit ihnen Abenteuer zu erleben. Man kann für sie kleine Häuschen bauen, sie im Bach schwimmen lassen oder ihnen Rindenboote schnitzen.

Geschichten erfinden

Lasst ihr euch gerne Geschichten erzählen? Bestimmt. Aber erfindet doch selbst eine! Jeder, der mitwandert, darf seinen Beitrag dazu leisten. Zum Beispiel die Geschichte von einem Kind, das durch den Wald oder in den Bergen wandert. Was erlebt dieses Kind für Abenteuer mit Zwergen, Tieren oder Ungeheuern? Beziehnt das, was ihr unterwegs seht, mit ein: Hütten, Bäume, Felsen, Tiere.

Balancieren

Versucht das Gleichgewicht zu halten, eventuell mit Unterstützung der Eltern. Balanciert auf großen Ästen, einem Baumstamm (nicht einem Stoß von Baumstämmen!), Steinen und Felsbrocken oder hüpft auf einem Bein.

Pfadfinder spielen

Lasst euch von den Eltern die Landkarte geben. Findet ihr den Punkt auf der Karte, wo ihr gerade seid? Könnt ihr die Umgebung bestimmen? Sieht man auf der Karte die Gipfel, die man im Umkreis entdeckt, die nächste Kurve, die nächste Wegkreuzung, den nächsten Fels, die Hütten unterwegs? Versucht, mit Hilfe der Karte den Weg zu finden. Lasst aber auch die Eltern unterwegs ab und zu in die Karte schauen. Sie sind schließlich auch neugierig!

Walderlebnispfad Möggers
Über den Bach wie Tarzan an der Liane

Tour 1

Bodensee-Vorarlberg

Rucksteig — Walderlebnispfad — Rucksteig
2 Std. / 1 Std. / 3 Std.
↘ 250 Hm / ↗ 250 Hm / ↗ 250 Hm ↘ 250 Hm

Geeignet ab: etwa 6 Jahren
Charakter: Der Walderlebnispfad führt über Naturwege, die bei Feuchtigkeit – und im tiefen Wald und um die Wasserfälle herum ist es wohl immer feucht – auch rutschig sein können. Auf dem Rückweg wandern wir auf befestigten Wegen.
Zeit: 3 Std.
Höhenunterschied: etwa 250 Hm, Abkürzung etwa 40 Hm weniger
Ausgangspunkt: Möggers-Rucksteig, Parkplatz am Beginn des Erlebnispfades

Anfahrt: Von Bregenz kommend verlässt man an der Nordausfahrt des Pfändertunnels die Autobahn und fährt über Hörbranz bis kurz vor Hohenweiler, hier biegt man nach rechts ab nach Möggers. In Möggers-Rucksteig wird man nach links zum Walderlebnispfad verwiesen.
Öffentliche Verkehrsmittel: mit der Linie 12 nach Möggers-Rucksteig
Auskünfte: Möggers Tourismus, Tel. 05573/83814
Einkehrmöglichkeit: Rucksteig

Lehrpfade gibt es viele, aber so einen interessanten und abenteuerreichen wie den in Möggers wird man wohl so schnell nicht mehr finden. Sowohl Kindern als auch Erwachsenen wird der Pfad Spaß machen. So kann man beispielsweise seinen Mut bei verschiedenen Überquerungsarten über den Bach beweisen oder hinter einem Wasserfall hindurchgehen.

Wegverlauf

Vom Parkplatz aus spazieren wir zum Schönsteinhof, wo der Erlebnispfad beginnt. Hier gibt es einen kleinen Teich, ein Gelände mit Schweinen und rechter Hand auch ein Übungsgelände für Motocrossfahrer. Wir folgen dem befestigten Weg und biegen nach fünf Minuten auf den nach rechts abzweigenden Schotterweg ab. Er führt uns in Richtung „Weienried" abwärts in den Wald, wo wir auch schon die erste Station finden. Danach geht es steil bergab. Man überquert eine wackelige Hängebrücke, danach eine kombinierte Balken-/

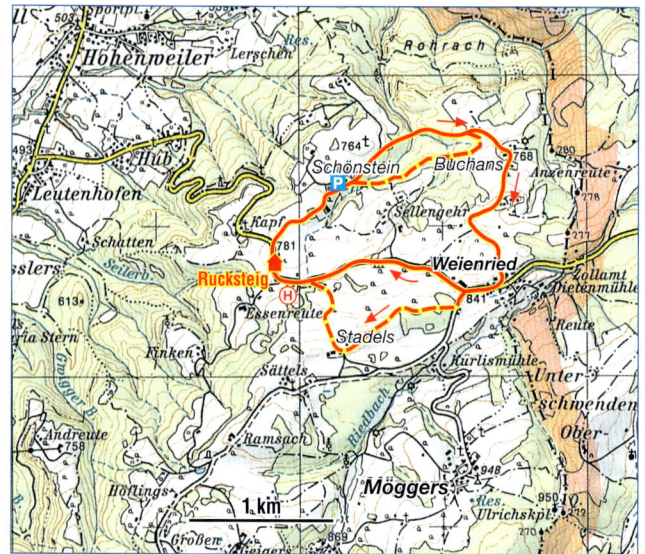

Drahtseilbrücke und kommt zu einem Platz über den Wasserfällen.

Nun hat man die Möglichkeit, die Route zu erweitern. Hier zweigt der empfehlenswerte, rund halbstündige „Inspirations-Rundweg" ab. Er führt uns durch den Sägetobel und bietet verschiedene abenteuerliche Momente. Zuerst geht es hinab zu den beiden Wasserfällen, wo man hinter dem zweiten Wasserfall hindurchgeht. Danach kann man den Bach auf einem Tarzanseil überqueren, dann die steile Erdwand mittels eines Seils erklimmen, ein weiteres Mal überquert man den Bach wie ein Seiltänzer nur auf einem Balken und ein letztes Mal auf einem Drahtseil. Wem das alles zu abenteuerlich ist, der kann die Bäche aber auch ganz „konventionell" überqueren bzw. auf einer Treppe anstatt am Seil den Hügel erklimmen. Gegen Ende dieses Abenteuerweges laden ein paar Sitzplätze und ein hölzernes Märchenbuch zu einer Pause ein, an der Abzweigung gibt es auch Hängematten.

Der Walderlebnispfad führt weiter zu den nächsten Stationen, die vielerlei Spielmöglichkeiten bieten. Nach der letzten Station verlassen wir den Wald, spazieren durch die Wiesen zu der Ansiedlung Buchans und durchqueren sie in Richtung

Weienried, das wir auf dem Sträßchen in einer Viertelstunde erreichen. Hier stoßen wir auf die Landstraße, der wir nach rechts folgen. Nach fünf Minuten sind wir an einer Straßengabelung beim Gemeindeamt. Wer gleich zurück will, wandert hier geradeaus an der Straße entlang nach Rucksteig und auf bekanntem Weg zum Parkplatz.

Um die Route noch etwas zu erweitern, gehen wir an der Verzweigung der Straße nach links. Beim nächsten Haus halten wir uns in Richtung „Stadels Ausblick" nach rechts in den Wald. Wir folgen immer der Wanderwegmarkierung, bis wir nach zehn Minuten den Wald verlassen und auf dem Wiesenweg zu dem großen Feldkreuz gehen. Von hier aus hat man einen prächtigen Blick über die Landschaft und ins benachbarte Westallgäu. Danach durchqueren wir die Ansiedlung Stadels. Am Abzweig nach dem ersten Haus behalten wir noch unsere Richtung („Rucksteig") bei, gleich danach vor dem zweiten Hof biegen wir nach rechts ab. Es geht nun in einigen Windungen hinab zur Landstraße. Wir halten uns links und biegen nach fünf Minuten nach rechts ab zum Ausgangspunkt. Für kleinere Kinder gibt es einen Walderlebnispfad von rund 2 Stunden.

Hinter dem Wasserfall führt der Weg weiter und das Wasser rauscht wie ein Vorhang herunter.

Tour 2: Bergab vom Pfänder
Wilde Tiere und eine Burgruine

Pfänder — 1 Std. ↘ 470 Hm — Gebhardsberg — 1 Std. ↘ 190 Hm — Bregenz Talstation → 2 Std. ↘ 660 Hm

Geeignet ab: etwa 8 Jahren
Charakter: Bergabwanderung, teilweise als Bergwanderweg klassifiziert. Man sollte bergtaugliche Schuhe mit griffiger Sohle anziehen.
Zeit: 2 Std. (ohne Stadtbesichtigung)
Höhenunterschied: etwa 660 Hm abwärts
Ausgangspunkt: Bregenz, Bergstation der Pfänderbahn
Anfahrt: In Bregenz Beschilderung zur Pfänderbahn folgen. Gebührenpflichtige Parkplätze in der Nähe.
Öffentliche Verkehrsmittel: Bahn- und Busstation Bregenz Hafen, von dort in 10 Minuten zu Fuß zur Talstation. Direkt unterhalb der Talstation der Pfänderbahn gibt es eine Bushaltestelle (Stadtbus Linie 1), ca. 2 Min. Fußweg von der Talstation entfernt.
Auskünfte: Bregenz Tourismus, Tel. 05574/49590; Pfänderbahn, Tel. 05574/421600
Einkehrmöglichkeiten: Pfänder, Gebhardsberg, Bregenz
Sonstiges: großer Spielplatz mit Riesentrampolin und Spielewand sowie Alpenwildpark bei der Bergstation

Der Pfänder ist nicht nur ein herrlicher Aussichtsbalkon über dem Bodensee (s. S. 18), hier gibt es für Kinder auch andere interessante Dinge zu sehen und zu erleben. Für sie ist die Fahrt mit der Kabinenbahn, vor allem aber der Besuch des Alpenwildparks, der Spielplatz, das Riesentrampolin und die Spielewand bei der Bergstation ein Erlebnis. Bei der Bergabwanderung kommt man an der Burgruine auf dem Gebhardsberg vorbei. Bei einem abschließenden Bummel durch die Bregenzer Oberstadt kann man an den alten Häusern viele interessante Details entdecken, etwa einen mumifizierten Haifisch. Da man auf der Wanderung bei der Burg Gebhardsberg einkehren kann und auch beim abschließenden Bummel durch die Bregenzer Innenstadt Möglichkeiten zum Essen, Trinken (oder Eiskaufen!) findet, gibt es für sie auch genügend Verlockungen zum Weiterwandern.

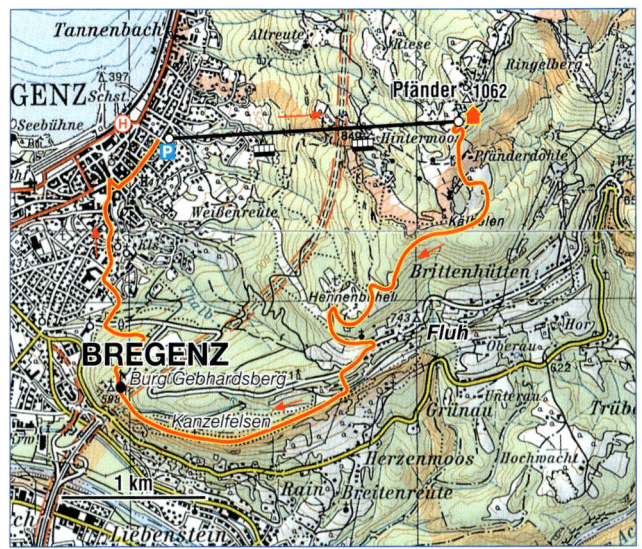

Wegverlauf
Von der Bergstation sind es nur wenige Minuten auf den Gipfel des Pfänders (1062 m). Für Kinder interessant ist ein Spaziergang durch den Alpenwildpark. Eine halbe Stunde sollte man für den Besuch mindestens einkalkulieren.

Die Bergabwanderung führt uns bei der Bergstation nach rechts in Richtung „Fluh, Gebhardsberg." Wir spazieren hinab zum Gasthaus Pfänderdohle, dann wandern wir auf dem geschotterten Weg geradeaus weiter und kommen gleich danach in den Wald. Unterwegs haben wir immer wieder schöne Blicke ins Rheintal, auf die Vorarlberger und die Schweizer Bergwelt sowie zum Bodensee. Wir kommen am Walserstadl vorbei, wo wir nach links abbiegen

Gebhardsberg

In der Burg Hohenbregenz soll der Sage nach der hl. Gebhard geboren sein. Sie steht auf einer steil ins Rheintal abbrechenden Felsnase. Gegen Ende des Dreißigjährigen Krieges (1618–1648) wurde die Burg den Schweden kampflos überlassen, welche sie schließlich sprengten.

und hinab zur Fluh kommen. Hier halten wir uns rechts. Kurz nach dem letzten, einzeln stehenden Haus nehmen wir den links abgehenden Weg in Richtung „Känzele, Gebhardsberg", bis wir auf den Känzeleweg kommen und nach rechts abzweigen. Nun wandern wir direkt am Steilabbruch des Känzeles (Kanzelfelsen) zur Ruine der ehemaligen Burg Hohenbregenz auf dem Gebhardsberg.

Vom Parkplatz steigen wir auf dem Waldlehrpfad hinab in Richtung „Fluhstraße Bregenz". Nach wenigen Minuten halten wir uns an einer Verzweigung links in Richtung „Schlossbergstraße". Wir kommen hinab zur Landstraße und zum Kriegerdenkmal, nun wandern wir nach rechts im Wald weiter. Wenige Minuten danach erreichen wir die ersten Häuser (rechts oben liegt das jetzt als Internat dienende Kloster Marienberg). An der nächsten Querstraße knickt die Schlossbergstraße nach rechts ab, danach erreichen wir die sehenswerte Rokokokirche St. Gallus aus dem 18. Jahrhundert.

Wie ein Meer liegt der Bodensee zu Füßen des Pfänders.

Ehre die Guta!

Der seltsame Satz bezieht sich auf eine sagenhafte Retterin der Stadt. Während der Appenzeller Kriege (1403–1408) soll nämlich eine Bettlerin die Anführer der feindlichen Bauern belauscht haben, als sie einen Angriff auf die Stadt planten. Daraufhin eilte sie nachts trotz eisiger Kälte nach Bregenz und warnte die Bewohner gerade noch rechtzeitig. Zum Gedenken an die Retterin kündigten fortan die Nachtwächter in Bregenz die neunte Abendstunde mit dem Ruf „Ehre die Guta!" an. Bis ins 19. Jahrhundert hinein lebte dieser Brauch fort.

Am Kirchturm halten wir uns links, überqueren die Brücke und gehen danach nach links hinunter zur Straße. Auf ihr geht es nach links unter der Brücke hindurch bis zur Thalbachgasse. Wir überqueren sie in Richtung „Oberstadt", dahinter halten wir uns aber nicht in die nach rechts hinaufziehende Amtstorstraße, sondern steigen links auf der Meißnerstiege hoch bis zur Georgenschildstraße. Nun sind wir in der historischen und ummauerten Bregenzer Oberstadt. Ein Bummel durch die ruhigen Gassen mit den alten Häusern mit ihrem Altstadtcharme, mit alten Wappen und Toren wird auch den Kindern gefallen. Wir folgen der Georgenschildstraße nach rechts bis zum Amtsplatz, dann gehen wir in der Eponastraße nach links hinab zum Ehregutaplatz.
Am alten Stadttor sieht man das schwarz-weiße Wappen der Grafen von Bregenz mit den drei Hermelinschwänzchen in der Mitte. Das rote Wappen der Grafen von Montfort ist das Landeswappen von Vorarlberg. Kinder interessiert sicherlich mehr der mumifizierte Haifisch im Torbogen. Er ist ein Fetisch, der alles Böse von der Stadt fernhalten sollte.
Wir gehen rechts vom Tor durch die Martinsgasse zum Martinsturm, dem Wahrzeichen der Stadt. Danach spazieren wir über den Stadtsteig und die Maurachgasse hinunter, biegen nach rechts in die Belruptstraße ab und gelangen so zurück zur Talstation.

Tour 3: Tierpark und Käsewanderweg
Viele Möglichkeiten auf dem Pfänder

P. Moosegg	Bergstation	Wegweiser Vorderes Egg	Jungholz	P. Moosegg	2 Std.
20 Min.	40 Min.	30 Min.	30 Min.		↗ 140 Hm
↗ 30 Hm	↗ 50 Hm ↘ 70 Hm	↗ 10 Hm ↘ 70 Hm	↗ 50 Hm		↘ 140 Hm

Geeignet ab: mit dem Lift zur Bergstation ab etwa 3 Jahren, die beiden kurzen Wandervorschläge ab etwa 6 Jahren
Charakter: Wir wandern auf Sträßchen oder gut ausgebauten Wegen.
Zeit: vom Parkplatz zur Bergstation und zurück etwa ¾ Std., Teilstück des Käsewanderweges etwa 1¼ Std.
Höhenunterschied: vom Parkplatz zur Bergstation und über den Gipfel zurück etwa 70 Hm, Teilstück des Käsewanderweges etwa 120 Hm
Ausgangspunkt: Pfänder; Bergstation oder Parkplatz Moosegg
Anfahrt: Mit dem Auto folgt man in Lochau dem Wegweiser zum „Pfänder".

Öffentliche Verkehrsmittel: Kabinenbahn ab Bregenz, zum Parkplatz Bus 12b oder Ruftaxi, Telefonnummer 0664/4243642. Direkt unterhalb der Talstation der Pfänderbahn gibt es eine Bushaltestelle (Stadtbus Linie 1), ca. 2 Min. Fußweg von der Talstation entfernt.
Auskünfte: Pfänderbahn AG, Telefon 05574/421600, Tourismusbüro Bregenz, Telefon 05574/49590
Einkehrmöglichkeit: verschiedene Gaststätten bei der Bergstation und auf dem Gipfel
Sonstiges: Für Kinder interessant sind der Spielplatz, das Riesentrampolin, die Spielewand und ein Spaziergang durch den Alpenwildpark.

Bei einem Besuch auf dem 1064 m hohen Pfänder gibt es vor allem für Kinder viel Interessantes zu erleben. Während man mit den Kleineren vielleicht nur zum Tierpark geht, kann man mit Größeren schon eine kleinere Wanderung unternehmen. Hierbei geht man entweder die Strecke Parkplatz – Gipfel oder man wandert ein Stück auf dem Käsewanderweg. Auch die Aussicht ist grandios – man sieht den 63 Kilometer langen und 14 Kilometer breiten Bodensee und 240 Berggipfel in Österreich, der Schweiz und Deutschland.

Wegverlauf
Man muss zuerst entscheiden, ob man mit dem Auto ab Lochau bis zum gebührenpflichtigen Parkplatz Moosegg hoch-

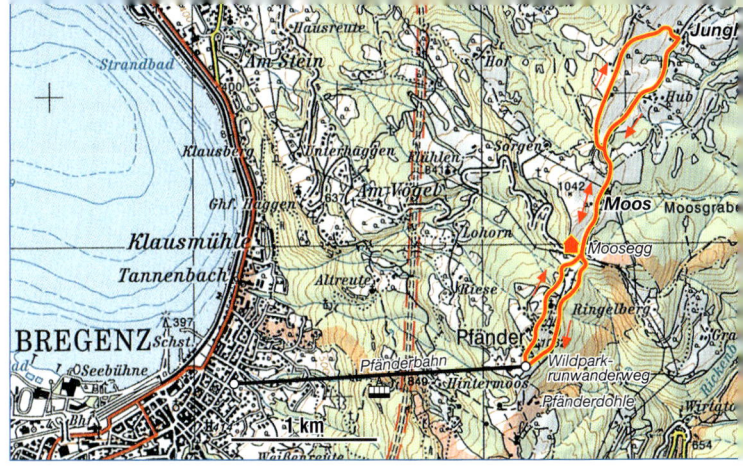

fährt oder mit der Kabinenbahn ab Bregenz hinauf auf den Pfänder. Mit kleinen Kindern fährt man am besten mit der Bahn auf den Gipfel und besichtigt den Wildpark. Mit etwas größeren fährt man zum Parkplatz – von hier aus kann man sowohl zum Gipfel als auch auf dem Käseweg gehen. Die zweigeteilte Wanderung ist ab dem Parkplatz beschrieben.

Vom Parkplatz aus folgt man dem Weg nach Süden in Richtung „Pfänderbergstation/Wildpark". Vor dem Hügel, auf dem man die Theresienkapelle und den Sendemast sieht, nehmen wir den in den Wald hineinführenden Weg in Richtung „Pfänderbahn Wildpark Pfänderdohle". Dieser steigt langsam an und auf diesem erreicht man auch die Bergstation. Hier hat man eine herrliche Aussicht auf den Bodensee, die Schweizer Berge und den Bregenzerwald. Kinder erfreuen sich am Spielplatz mit Riesentrampolin und Spielewand sowie am Wildpark. Der Rundweg durch den Alpenwildpark dauert gut eine

Der Tierpark ist für größere und kleinere Kinder ein Erlebnis.

Über die Wiesenlandschaft hat man schöne Blicke zu den Ansiedlungen.

halbe Stunde, hier sieht man Hirsche, Alpensteinböcke, Mufflons, Wildschweine und Murmeltiere in ihrer natürlichen Umgebung, Kinder haben außerdem ihren Spaß an einem Kleintiergehege mit Zwergziegen, Hasen und Hängebauchschweinen sowie an einem schönen und aufregenden Spielplatz.

Auf dem Rückweg nehmen wir den schmalen Weg, der links von dem Sträßchen, auf dem wir hergekommen sind, in wenigen Minuten hinauf zum Gipfel führt. Von ihm hat man allerdings keine Aussicht, weil er zugewachsen ist. Wenn man jedoch am Gasthaus Pfänderspitz nicht nach links zum Gipfelkreuz geht, sondern rechts vorbei, bieten sich ein paar Sitzgelegenheiten und ein herrlicher Blick auf den Bodensee. Vom Gipfel aus folgen wir dem rechts weiterführenden Weg, der uns zur Theresienkapelle bringt. Von dieser aus geht es wieder hinab zum Sträßchen, das wir noch vom Anfang her kennen und zurück zum Parkplatz.

Als zweite Wandermöglichkeit ab dem Parkplatz können wir ein Stück auf dem Käsewanderweg gehen. Hierzu folgen wir der nach Norden führenden kleinen Straße in Richtung Jungholz. Wir wandern an einem Hof vorbei, danach kommen wir in ein Waldstück. Am Wegweiser „Höhenweg Pfänderstraße 998 m" zweigen wir links ab in Richtung Jungholz. Gleich darauf gehen wir am Wegweiser „Dreigatter 1002 m" vorbei. Kurz darauf am Wegweiser „Vorderes Egg 1005 m" folgt das erste Schild des Käsewanderwegs.

Wir wandern bis zu einem querenden Güterweg, wo das zweite Schild des Käsewanderwegs steht. Hier biegen wir rechts ab und gehen hinab nach Jungholz. Dort orientieren wir uns rechts und wandern auf dem Sträßchen zurück zum Parkplatz.

Bodensee und Rheindelta
Tour für Naturfreunde

Tour 4

Bodensee-Vorarlberg

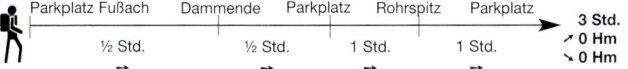

Parkplatz Fußach — ½ Std. → Dammende — ½ Std. → Parkplatz — 1 Std. → Rohrspitz — 1 Std. → Parkplatz

3 Std.
↗ 0 Hm
↘ 0 Hm

Geeignet ab: etwa 8 Jahren
Charakter: Gemütliche Wanderung ohne Höhenunterschiede auf guten Feldwegen entlang des Bodenseeufers; kann auch mit dem Rad unternommen werden.
Gehzeit: Etwa 3 Std.
Höhenunterschied: Keiner
Ausgangspunkt: Fußach, FKK-Platz
Anfahrt: Von Bregenz aus nach Hard. Zwischen Hard und Fußach überquert man den Rhein, hier fährt man auf seiner Westseite am Damm entlang direkt nach Norden. Beim FKK-Platz gibt es Parkmöglichkeiten.
Auskünfte: Tourismusbüro, 6900 Bregenz, Tel. 05574/49590; Tourismusbüro/Naturschutzverein Rheindelta, 6973 Höchst, Gemeindeamt, Tel. 05578/7907-0; Naturschutzstation „Rheindeltahaus", Tel. 05578/74478
Einkehrmöglichkeiten: FKK-Platz, Campingplatz

Diese Wanderung führt in das Rheindelta zwischen Hard, Fußach und Höchst. Es bietet sich für gemütliche Spaziergänge und Radtouren an. Das Rheindelta ist besonders im Frühjahr und im Herbst Rastplatz für viele Wasservögel. Hier findet man auch eines der größten Süßwassermoore Europas.

Wegverlauf

Die Tour teilt sich in zwei Teile auf. Zuerst spaziert man vom FKK-Platz aus nach Norden, immer am ehemaligen Bahndamm entlang. Man hat hier unterwegs Ausblicke auf den Bodensee, vom Damm blickt man in den Rheinkanal und die Flussauen hinab. Wir gehen, so weit wir wollen, und kehren dann um.

Der zweite Teil dieser Wasser-Natur-Tour führt vom FKK-Gelände aus am Damm entlang nach Süden, bis wir bei einem der rechts abgehenden Sträßchen zum Rheindeltahaus verwiesen werden. Hier gibt es Interessantes über die Natur der Gegend zu sehen und man kann im Nahbereich des Hauses die hiesige Flora beispielhaft erleben.

Auf dem Uferweg kommt man an idyllischen Stellen vorbei. Hier hat man einen Blick zum deutschen Ufer.

Vorbei an der Abzweigung zum Rheindeltahaus kommen wir zu einer rechts liegenden Siedlung von Ferienhäuschen. Danach folgen ein Kieslagerplatz und ein Kanal, nach dem wir uns gleich rechts halten und erst auf dem Damm, dann auf der Straße nach Westen spazieren. Ab und zu sehen wir das Zeichen des Bodenseerundweges (blauer Kreis). Wo rechts die Bootsliegeplätze mit dem Kanal nach rechts ziehen, müssen wir erst nach links, gleich darauf nach dem Teich nach rechts in den Teichweg abbiegen (Radwegschild „Rohrspitz"). Nach

Das seit 1976 bestehende Naturschutzgebiet Rheindelta ist ein sogenanntes Ramsar-Schutzgebiet, ein „Feuchtgebiet von internationaler Bedeutung". Es ist 2000 Hektar groß, der Landanteil beträgt 700 Hektar, das Schilfröhricht sowie die Streu- und Magerwiesen, naturnahe Feuchtwiesen und Schilfröhrichte nehmen 450 Hektar ein. Hier wachsen zahlreiche geschützte und gefährdete Pflanzen und ein naturnaher Auwald, das „Rheinholz". Das Rheindelta ist die Heimat von 330 seltenen Vogelarten, davon 127 Brutvögelarten. Außerdem findet man rund 700 Schmetterlings- und 40 Libellenarten. Das Rheindelta ist neben dem Neusiedlersee der zweite natürliche Konzentrationspunkt für Wasservögel in Österreich mit einem Rastbestand von mehr als 10.000 Exemplaren.

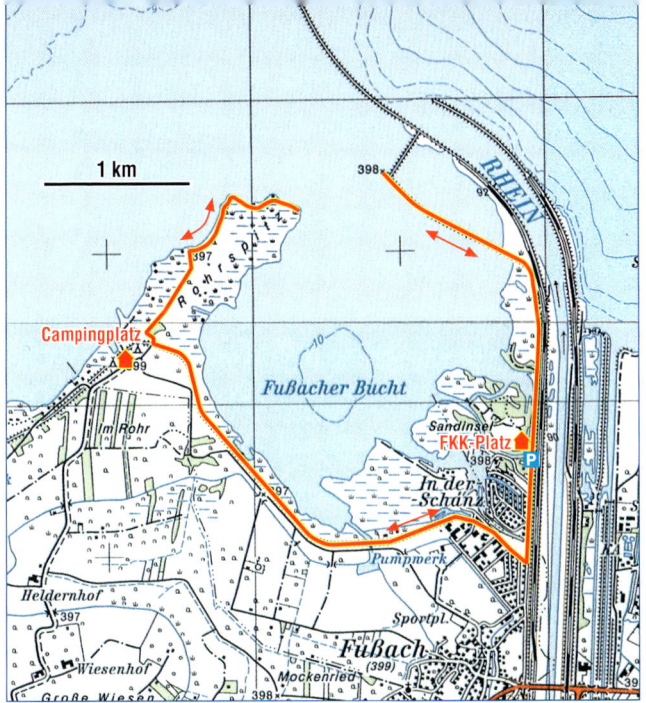

den Tennisplätzen haben wir die Häuser hinter uns und wandern nun auf dem Polderdamm durch die Natur.

Nach einiger Zeit liegt links ein Pumpwerk, hier zieht nach rechts ein Kanal durch das Schilf zum Bodensee. Das Pumpwerk sichert die Wiesen vor dem Hochwasser, das früher bei hohem Wasserstand im See im Sommer ständig auftrat. Durch seine Arbeit ist der Wasserspiegel heute landseitig meist niedriger als seeseitig.

Danach haben wir nach rechts immer wieder einen schönen Blick zum See mit den weißen Booten und den dahinter liegenden Höhen am deutschen Ufer sowie nach rechts zum Pfänder. Wir wandern immer auf dem Damm bis zu einem Campingplatz. Gleich an seinem Beginn biegen wir nach rechts ab und spazieren hinaus auf den Rohrspitz. Hier hat man einen naturnahen Seezugang sowie Bade- und Liegeplätze. Auch wenn man am Campingplatz entlang weitergeht, kann man nach den Bootsliegeplätzen nach rechts zum See und zu Badeplätzen kommen. Zurück gehen wir denselben Weg.

Tour 5: Durch die Polder zum Badeplatz
Wanderung am Bodensee und durchs Ried

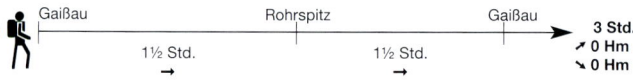

| Gaißau | Rohrspitz | Gaißau | 3 Std. |
| 1½ Std. → | 1½ Std. → | | ↗ 0 Hm ↘ 0 Hm |

Geeignet ab: etwa 8 Jahren
Charakter: gemütliche Wanderung auf guten Feldwegen entlang des Bodenseeufers. Auch ideal geeignet für eine Radtour mit Kindern! Kann ganzjährig unternommen werden.
Zeit: 3 Std.
Höhenunterschied: keiner
Ausgangspunkt: Gaißau, Parkplatz vor dem zum Naturschutzgebiet Rheindelta gehörenden Waldstück Rheinholz
Anfahrt: Von Bregenz aus fährt man über Hard und Höchst nach Gaißau. In Gaißau zweigt man westlich der Kirche in die Kirchstraße ein und fährt immer geradeaus bis zum letzten Parkplatz im Wald.
Auskünfte: Verkehrsverein Höchst-Fußach-Gaißau, Tel. 05578/790738; Naturschutzstation „Rheindeltahaus", Tel. 05578/74478
Einkehrmöglichkeit: Campingplatz am Rohrspitz

Diese Wanderung führt uns durch die abwechslungsreichen Landschaften des Gaißauer Rieds im Naturschutzgebiet Rheindelta. Entlang des Sees verläuft der Weg auf einem Damm, wo man an interessanten Häfen und Bootsanlegestellen mit Schiffen und zwei Pumpwerken vorbeikommt. Am Rohrspitz verlocken schöne Naturbadeplätze zu einer Badepause. Besonders empfehlenswert ist diese Wanderung im Mai, wenn in den Wiesen die blauen und gelben Sumpfschwertlilien blühen. Das Rheindelta ist vor allem im Frühling und Herbst Rastplatz für viele Wasservögel. Wer sie beobachten möchte, kann ein Fernglas mitnehmen.

Wegverlauf

Vom Parkplatz führt der Weg nach rechts durch den Wald. Wir kommen zum Damm, dem wir nun immer nach Osten folgen. Links liegt der Bodensee, zu dem man über die Schilfflächen immer einen schönen Blick hat. Der Weg führt am Hafen Gaißau, einer kleinen Bootsanlegestelle und dem Hafen Höchst vorbei. Zweimal kommt man auch an Pumpwerken vorbei.

Wir wandern bis zum Campingplatz, an dessen Ende wir nach links zum Rohrspitz hinauskommen. Hier gibt es zahlreiche Naturbadeplätze.

Dann kehren wir zurück zum Anfang des Campingplatzes und folgen dem Weg nach Süden. Vorbei an einigen Höfen gelangt man zu einer Straßenverzweigung, wo wir dem Radwegschild folgend nach rechts abbiegen. Hinter dem Waldstück halten wir uns rechts, kurz danach erneut rechts. Unser Weg biegt schließlich nach links ab und führt uns zum Alten Rhein. Hier gelangen wir nach rechts zum Ausgangspunkt zurück.

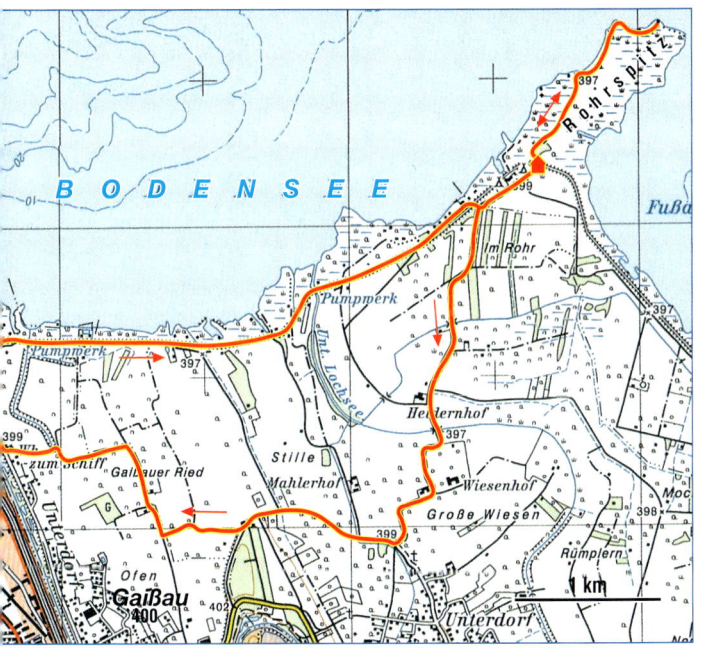

In einem Hafen mit Segelbooten gibt es für Kinder immer etwas zu entdecken.

Um die Route zu erweitern, kann man noch nordwärts durch das Rheinholz mit seinen schönen Wald- und Weideflächen wandern. Hin und zurück sind es bis zum Ende etwa drei Kilometer, also 45 bis 60 Minuten, je nachdem, wie weit man geht.

Polderlandschaft

Der Weg zum Rohrspitz führt auf einem Damm durch eine Polderlandschaft, wie man sie eigentlich eher in Holland vermuten würde. Der Grund ist derselbe: Man errichtete den Damm, um die dahinterliegenden Wiesen einzudeichen und die Orte vor Hochwasser zu schützen. Um die Wiesen vom Hochwasser, das früher bei hohem Wasserstand im See im Sommer ständig auftrat, zu entwässern, baute man die Pumpwerke. Dadurch ist der Wasserspiegel heute landseitig meist niedriger als seeseitig.

Aussichtstour zur Wallfahrtskirche
Nicht über die Wurzeln purzeln

Tour 6

Bodensee-Vorarlberg

Bildstein Dorf	Abzweig auf Wurzelweg	Geisbirn	Bildstein	1¼ Std.
20 Min.	¼ Std.	40 Min.		↗ 200 Hm
↗ 80 Hm	↗ 90 Hm	↘ 200 Hm ↗ 30 Hm		↘ 200 Hm

Geeignet ab: etwa 6 Jahren
Charakter: leichte Tour, meist auf schmalem Sträßchen. Im mittleren Teil geht es ein kurzes Stück steil hinauf, der stark verwurzelte Weg ist aber gerade deswegen interessant.
Zeit: etwa 1¼ Std.
Höhenunterschied: etwa 200 Hm
Ausgangspunkt: Bildstein
Anfahrt: von Bregenz aus in Richtung Dornbirn, dann von der A 14 in Richtung „Bildstein" abfahren und über Wolfurt hinauf zur Wallfahrtskirche, dort findet man Parkplätze
Öffentliche Verkehrsmittel: Bus 45 Alberschwende nach Bildstein Dorfplatz
Auskünfte: Tourismusbüro Bildstein, Telefon 05572/58384
Einkehrmöglichkeit: in Bildstein

> „Über diese Wurzeln musst du purzeln", könnte man zum mittleren Teil dieser Tour sagen, denn der Waldweg ist stark verwurzelt, was aber für den Anstieg gar nicht so schlecht ist. Ansonsten bewegen wir uns auf kleinen Sträßchen. Der Weg ist für Jung und Alt interessant, nicht nur ist die Aussicht hinab in das 300 m tiefere Rheintal und zum Bodensee hervorragend, sondern es gibt auch einen Spielplatz sowie einen Tierpark, was vor allem beim Nachwuchs für Begeisterung sorgen wird. Der Blick von der terrassenförmigen Landschaft reicht über den Bodensee und das Rheintal, das hügelige St. Gallener und Appenzeller Land, zum Säntis, zum Alpstein und ins Allgäu.

Wegverlauf

Wir folgen ab der Wallfahrtskirche und dem Wegweiser „Bildstein Dorf 665 m" dem ansteigenden Sträßchen. An der nächsten Verzweigung bei den letzten Häusern nehmen wir den rechten Weg in Richtung „Farnach". Es geht erst ansteigend durch Baumwiesen, die im Frühjahr herrlich blühen, dann im Wald relativ eben bis zu einem Wegweiser. Hier werden wir nach links nach „Geisbirn" verwiesen.

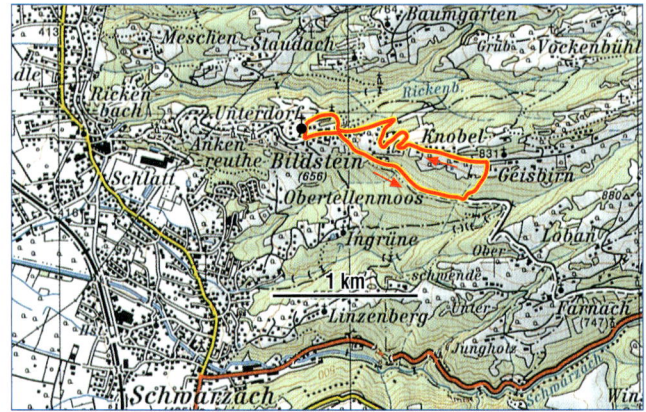

Nun steigen wir kurze Zeit im Wald steil hinauf. Der stark mit Wurzeln durchsetzte Weg fordert viel Aufmerksamkeit, sodass die Kinder die Steilheit gar nicht so richtig wahrnehmen. Außerdem kann man sie auf den hier wachsenden Klee mit den außergewöhnlich großen Blättern aufmerksam machen.
Nach dem Wald steigen wir durch Wiesen hinauf zu den ersten Häusern von Geisbirn, anschließend geht es noch etwas aufwärts bis zum Sträßchen. Rechts sehen wir eine Kapelle,

Unterwegs: Bank zum Ausruhen und die Landschaft genießen

Wallfahrtskirche Bildstein

Bildstein wird von der barocken Wallfahrtskirche dominiert, die von prächtigen geschindelten Rheintalhäusern umgeben ist. Sie stammt aus dem 17. Jahrhundert und ist eine der beliebtesten Wallfahrtsstätten Vorarlbergs. Erbaut wurde sie im einfachen frühbarocken Stil vom Bregenzer Baumeister Michael Kuen. Das Gnadenbild stammt aus der Zeit um 1390. Anfangs wurde es auf einem Felsvorsprung unterhalb des Dorfes aufbewahrt. Aus dieser Verehrung des „Marienbildes auf dem Stein" ist auch der Name „Bildstein" entstanden. Die heutige Kirche geht auf eine Gelübdestiftung und eine angebliche Marienerscheinung zurück: Anfang des 17. Jahrhunderts wurde Europa von verschiedenen Pestwellen heimgesucht. In dieser Zeit versprach der Bauer Georg Höfle, Maria eine Kapelle zu bauen, wenn seine Familie von der Seuche verschont bleiben sollte. Schon damals befand sich das Gnadenbild in einer kleinen hölzernen Kapelle am Platz der heutigen Kirche. 1629 erschien dann Maria den Söhnen des Bauers und erinnerte an ein Versprechen, das ihr ein Mann gegeben habe. Die Kinder berichteten zuhause von der Erscheinung und der Vater erinnerte sich an sein eigenes Versprechen. Danach begann er mit dem Bau einer Kapelle. Nach seinem Tod wurde er von seiner Frau zu Ende geführt. Ab 1657 erlaubte die Kirche dort regelmäßige Messfeiern.
Interessant ist, dass die Erscheinung 1629 historisch belegt und eidesstattlich verbürgt ist; sie ist auch als einzige in Vorarlberg kirchlich bestätigt.

An der Zufahrtsstraße findet man einen kleinen Tierpark, der den Kindern Vergnügen bereiten wird.

wir biegen aber links ab. Nun wandern wir immer abwärts, mit herrlichem Blick hinab ins Rheintal, teilweise auch auf den Bodensee und auf Bildstein.
Der Weg führt uns durch Knobel, wo es nach den ersten Häusern in weiten Schwüngen durch die Wiesenlandschaft hinabgeht.
Nach den ersten Häusern von Bildstein können wir rechts in Richtung „Erscheinungskapelle" abzweigen und einen kleinen Umweg auf dem Pilgerrundweg machen. Hierzu folgen wir dem Zeichen nach rechts und kommen in den Wald, wo der Weg links abknickt. Er bringt uns hinab zu der kleinen, 1930 erbauten Kapelle, die an eine Marienerscheinung von 1629 erinnert. An ihr vorbei wandern wir auf dem gut ausgebauten Weg hinauf nach Bildstein, wo wir direkt bei der Wallfahrtskirche wieder herauskommen.
Jetzt kann man sich die Wallfahrtskirche ansehen, aber auch einen kleinen Spielplatz besuchen. Hierzu geht man wie zu Anfang ein paar Meter aufwärts, dann folgt man dem Wegweiser nach links. Hinter dem Bauhof liegt der Spielplatz, von hier aus hat man nochmals einen schönen Blick hinab zum Bodensee.
Ein gelungener Abschluss des Tages und eine Belohnung für fleißige kleine Wanderer ist auch ein Besuch des kleinen Tierparks in Wolfurt. Wir finden ihn, wenn wir wieder ins Tal hinabfahren, bei dem ersten Gewerbeanwesen vor dem Sportplatz, links und rechts der Straße. Er ist kostenlos zu besichtigen, in ihm leben unter anderem Alpacas, Ziegen, Kängurus, Waschbären, Papageien, Truthähne, Fasane, Schwäne, Enten, Stachelschweine und Eulen.

Karren und Staufenrundgang
Auf einem Höhenweg rund um den Staufen

Tour 7

Bodensee-Vorarlberg

Bergstation — Ghf. Kühberg — Ghf. Schuttannen — Ghf. Kühberg — Bergstation

¼ Std. ↘ 50 Hm | 1 Std. ↗ 300 Hm | 1 Std. ↘ 300 Hm | ¼ Std. ↗ 50 Hm

2½ Std.
↗ 350 Hm
↘ 350 Hm

Geeignet ab: etwa 10 Jahren
Charakter: Der Staufenrundgang verläuft auf guten Wegen und Pfaden.
Zeit: 2½ Std.
Höhenunterschied: etwa 350 Hm
Ausgangspunkt: Dornbirn, Bergstation der Karrenseilbahn
Anfahrt: Autobahn bis Ausfahrt Dornbirn-Süd, der Weg zur Karrenseilbahn ist gut beschildert. Parkplätze bei der Talstation.

Öffentliche Verkehrsmittel: mit den Linien 7 oder 47 nach Dornbirn-Karrenseilbahn
Auskünfte: Tourismus Dornbirn, Tel. 05572/22188; Karrenseilbahn, Tel. 05572/22140
Einkehrmöglichkeiten: Karren Bergstation, Gasthof Kühberg, Gasthof Schuttannen, Staufenalpe
Sonstiges: In unmittelbarer Nähe der Talstation befindet sich das Waldbad Enz.

Diese Wanderung eignet sich für Groß und Klein. Sie ist so kurz, dass sie auch von jüngeren Kindern gut bewältigt werden kann. Die Strecke durch Wald und über Weiden, dazu ab und zu mit Aussicht, ist auch recht kurzweilig. Für „Unterhaltung" sorgt das Weidevieh, dem man unterwegs begegnet. Außerdem gibt es genügend Einkehrmöglichkeiten, bei denen man Kinder mit einer Leckerei belohnen kann. Von der Talstation hat man einen herrlichen Blick ins Tal und zum Bodensee.

Wegverlauf

Wir orientieren uns immer an der Beschilderung „Staufenrundgang". Nach zehn Minuten steilem Bergab sind wir an einer Verzweigung angelangt. Hier biegen wir in Richtung „Schuttannen" nach rechts ab, kommen am Gasthof Kühberg vorbei und steigen aufwärts.

Nach zehn Minuten gehen wir an einer Verzweigung geradeaus weiter – hier kommen wir später von links zurück. Nach fünf Minuten fällt der Weg ab, weitere fünf Minuten später halten wir uns an einer Verzweigung links. Nun steigt es wieder

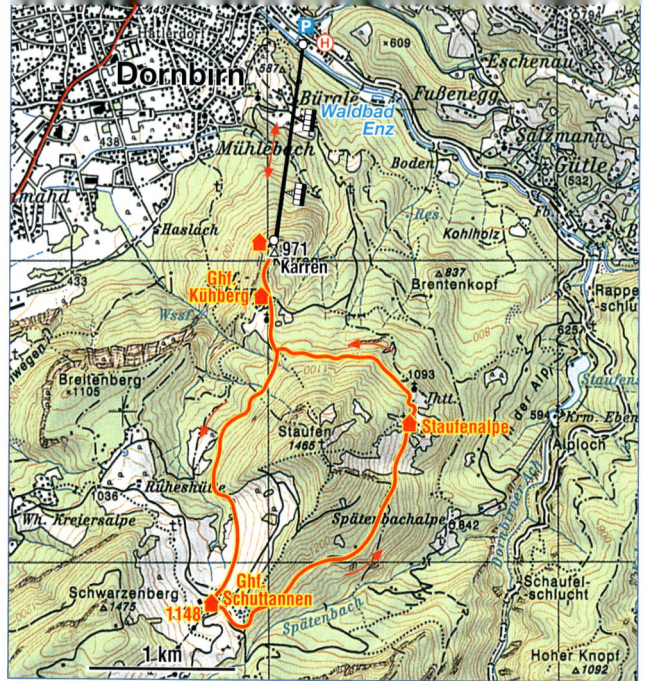

Rheintal und Bodensee

Während der Eiszeit (von etwa 115.000 bis 10.000 Jahren vor heute) war das ganze Rheintal mit einem 1200 Meter hohen Gletscher bedeckt, der die heutige Landschaft im Wesentlichen schuf. Auf seinem Vorstoß hobelte er das Tal aus und schürfte das Bett des Bodensees aus. Berge, die höher als der Gletscher waren, ragten damals wie Inseln aus dem Eisstrom heraus.

Der Bodensee ist der drittgrößte See Mitteleuropas (nur der Plattensee und der Genfersee sind größer). Seinen Namen bekam er vom Dorf Bodman am Westende des Sees. Umgangssprachlich spricht man in Süddeutschland aufgrund der Größe des Bodensees auch vom Schwäbischen Meer.

62 Prozent seines 273 km langen Ufers gehören zu Deutschland (Baden-Württemberg 155 km, Bayern 18 km), 27 Prozent bzw. 72 km sind schweizerisch und 11 Prozent bzw. 28 km österreichisch.

Im Winter gefriert der See eigentlich nie zu, seit dem Jahr 875 passierte dies nur 32 Mal. Die letzte „Seegfrörne" war 1963.

Schon kurz nach Beginn lockt die erste Einkehrstation.

an, dann geht der breite Weg nach zwei Minuten in einen Pfad über. Nach zehn Minuten verlassen wir den Wald und spazieren über eine weite Weidelandschaft zum bereits sichtbaren Gasthaus Schuttannen.

Vor dem Gasthaus biegen wir nach links ab in Richtung „Staufenalpe". Wir wandern zuerst zwanzig Minuten auf einem breiten Güterweg, der uns teilweise nach rechts schöne Blicke zum kreuzgekrönten Massiv des Bocksberges bietet. Dann geht er in einen Pfad über, fällt ab und bringt uns nach dem Wald durch Weiden zur Staufenalpe. Nach der Alpe liegt rechts eine kleine Kapelle, nun kommen wir in den Wald und gehen steil bergab. Nach drei Minuten müssen wir uns an der Verzweigung entscheiden.

Wer zurück zur Bergstation will, braucht hierfür etwa eine halbe Stunde. Wir halten uns dazu links in den erst breiten Weg. Er geht in einen Pfad über und bringt uns in rund einer Viertelstunde zu einem Querweg, in den wir nach rechts abbiegen. Ab nun kennen wir den Rückweg. Wir marschieren in zehn Minuten hinab zum Gasthof Kühberg, dann in weiteren zehn Minuten hinauf zur Bergstation.

Wer will, kann jedoch auch hinab ins Tal wandern. Wir gehen hierzu an der oben erwähnten Verzweigung nach rechts hinab. Dabei orientieren wir uns immer an den reichlich angebrachten Beschilderungen „Mühlebach, Talstation" und kommen nach rund einer Stunde zur Talstation.

Tour 8
Durch die wilde Rappenlochschlucht
Zwei Schluchten und alte Luxusautos

Bodensee-Vorarlberg

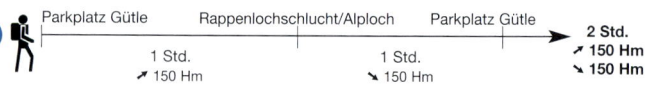

Geeignet ab: etwa 6 Jahren
Charakter: Durch die Rappenlochschlucht geht man auf gepflegten Pfaden.
Zeit: 2 Std.
Höhenunterschied: etwa 150 Hm
Ausgangspunkt: Gütle, Parkplatz am Eingang der Rappenlochschlucht
Anfahrt: Autobahn bis Ausfahrt Dornbirn-Süd, der Weg ins Gütle (Rolls-Royce-Museum) ist gut beschildert.
Öffentliche Verkehrsmittel: Stadtbuslinie 7 vom Bahnhof nach Gütle. Wer mit der Linie 47 bis zur Haltestelle Alplochschlucht fährt, kann von dort durch die Rappenlochschlucht zurückwandern.
Auskünfte: Tourismusbüro Dornbirn, Tel. 05572/22188; Rolls-Royce-Museum, www. rolls-royce-museum.at, Tel. 05572/52652, Krippenmuseum, www.krippenmuseum-dornbirn.at, Tel. 05572/200632
Einkehrmöglichkeiten: Gütle, am Eingang der Rappenlochschlucht, Kiosk am Staufensee
Sonstiges: Die Rappenlochschlucht ist im Winter gesperrt. Das Krippenmuseum und das Rolls-Royce-Museum sind montags geschlossen.

Die Rappenlochschlucht zählt zu den beliebtesten Ausflugszielen Vorarlbergs.

Die wilde Rappenlochschlucht ist eine der schönsten Natursehenswürdigkeiten des Landes und wird entsprechend häufig besucht. An der engsten Stelle hat sich die Schlucht 62 Meter tief in das Gestein eingesägt. Interessant sind auch die Druckrohrleitungen, die das Wasser aus dem künstlich angelegten Staufensee einst zwecks Energiegewinnung ins Tal beförderten. Den Kindern werden aber auch die filigranen, silbrigen und bunten Metallskulpturen auffallen, die den Namen „Oberwasser-Aquarium" tragen. Am Ende des Staufensees liegt das malerische Alploch mit einem 102 m hohen Wasserfall. Zurück am Ausgangspunkt kann man noch das Krippenmuseum und das Rolls-Royce-Museum besuchen.

Wegverlauf

Vom Parkplatz aus folgen wir der Verlängerung der Straße und spazieren in zehn Minuten auf dem ausgeschilderten Weg zum Einstieg zur Rappenlochschlucht. Ein gut beschilderter Weg führt nun am Rande der Schlucht steil in die Höhe und mündet in einen spektakulären Steig, der an einer Felswand angebracht wurde. Er bietet atemberaubende Ausblicke in die Schlucht und auf den Felssturz, die haushohen Wände stoßen fast zusammen. Auch das Wegstück durch die dunkle Tunnelröhre wird die Kinder beeindrucken. Faltungen und Versteinerungen erinnern an die Bildung des Gesteins in einem warmen, erdmittelalterlichen Meer und an die spätere Gewalt der Gebirgsbildung in den Alpen. Am Ende der Schlucht erreicht man den Staufensee, um den es einen schönen Rundweg gibt. Wir spazieren an ihm entlang und sind in zehn Minuten beim Kraftwerk Ebensand. Der Innenraum des im damals beliebten Schweizerhaus-Stil errichteten Gebäudes kann durch eine Glasscheibe besichtigt werden. Die alten, aus genietetem Eisenblech gefertigten

Alploch

In den Wänden des Alplochs findet man versteinerte Muscheln. Sie beweisen, dass der harte Kalkstein der Schlucht früher der schlammige Grund eines Meeres war, in den die abgestorbenen Teile der Meeresbewohner versanken.

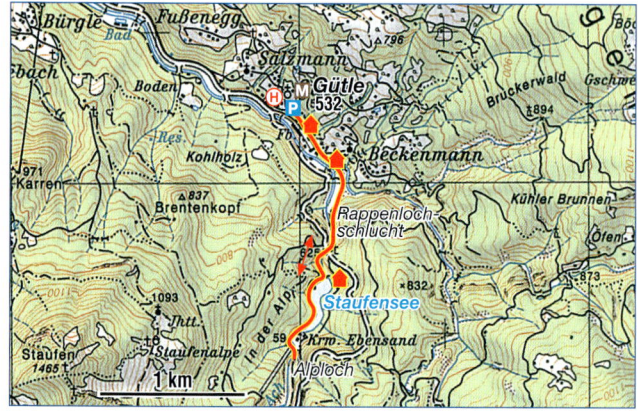

Rohrleitungen sind heute ein historisches Schaustück. Bei Beschädigungen durch Steinschlag oder Rost wurden die Löcher einfach durch Aufnieten von Flicken repariert.
Wenige hundert Meter nach dem Kraftwerk kommen wir zur Alplochschlucht, eine enge, düstere Klamm. Man begeht sie auf von Wand zu Wand reichenden Stegen, die auf Traversen liegen. Die Schlucht ist teilweise kaum breiter als der Steg, der hindurchführt!
Danach gehen wir denselben Weg zurück ins Gütle. Hier kann man noch das Krippenmuseum oder das Rolls-Royce-Museum besuchen.

Das größte Rolls-Royce-Museum der Welt wird nicht nur Väter und Söhne begeistern.

Zur Ruine Alt-Ems

Vorbei an Höhle und Bergsturz

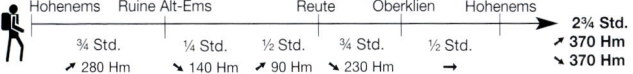

Hohenems	Ruine Alt-Ems	Reute	Oberklien	Hohenems	2¾ Std.
¾ Std.	¼ Std.	½ Std.	¾ Std.	½ Std.	↗ 370 Hm
↗ 280 Hm	↘ 140 Hm	↗ 90 Hm	↘ 230 Hm	→	↘ 370 Hm

Geeignet ab: etwa 8 Jahren
Charakter: einfache Wanderung; beim Abstieg auf der Treppe auf kleinere Kinder aufpassen!
Zeit: 2¾ Std.
Höhenunterschied: 370 Hm, über Schloss Glopper etwa 50 Hm mehr
Ausgangspunkt: Hohenems, Kirche
Anfahrt: Autobahn bis Ausfahrt Hohenems, dann der Beschilderung zum Zentrum folgen. Parkplätze bei der Kirche.
Öffentliche Verkehrsmittel: mit den Linien 53, 54 und 22 nach Hohenems-Schlossplatz
Auskünfte: Tourismusbüro Hohenems, Tel. 05576/42780
Einkehrmöglichkeiten: Reute, Hohenems

Tour 9 — Bodensee-Vorarlberg

Wenn eine Wanderung zu einer Ritterburg oder einer Ruine führt, sind Kinder immer dafür zu begeistern. Die ausgedehnte Ruine Alt-Ems bietet viele Möglichkeiten, die Fantasie spielen zu lassen. Auch die Höhle und das Bergsturzgebiet am Ende der Wanderung werden Kinder interessieren.

Wegverlauf

Am Westportal der Kirche sieht man ein steinernes Grabmal für Jakob Hannibal I., den ersten Grafen von Hohenems, das ihn als stolzen Ritter darstellt (1597). Rechts hinter der Kirche beginnt der Aufstieg zur Ruine. Ein sanft ansteigender Serpentinenweg führt in knapp einer Dreiviertelstunde zu ihr hinauf. Er verläuft im schattigen Wald – ideal an heißen Sommertagen – und für müde Nachwuchsritter und Burgfräulein gibt es Bänke zum Ausruhen. Oben verlassen wir den Wald, die Ruine liegt rechts hinter der Lichtung.

Man betritt die Ruine durch eine Barbakane, ein früher mit zwei Toren versehenes Bollwerk. Von ihr aus hat man einen schönen Blick ins Tal und zum Bodensee. Nachdem wir die Gemäuer besichtigt haben, gehen wir zurück zu der Wiese und halten uns an der Verzweigung rechts („Reute 20 Minu-

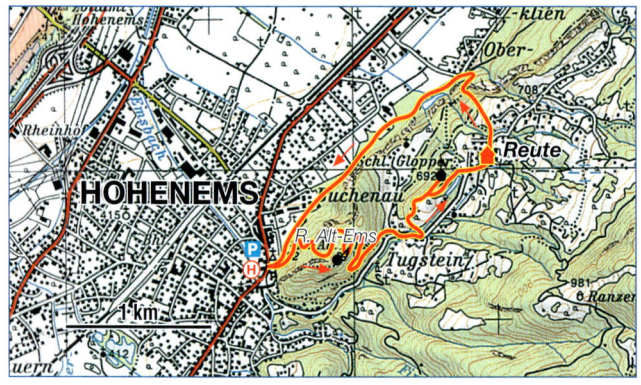

ten"). Wir verlassen die Anlage durch einen letzten Torbogen und gehen auf einem verwurzelten Steig in fünf Minuten hinab zu einem breiten Forstweg, dem wir nach rechts folgen. Nach einer Linkskurve ignorieren wir die Abzweigung nach Hohenems und spazieren geradeaus weiter, bis wir zur Straße gelangen. Man kann nun auf der Straße nach Reute spazieren. Schöner ist es, den nach links abzweigenden Weg über das private Schloss Glopper (1343 erbaut) zu nehmen, auf dem wir wieder zur Straße gelangen. Hier halten wir uns links. Knapp fünf Minuten später biegen wir nach der Trafostation nach links, gleich darauf vor dem Haus nach rechts in Richtung „Oberklien, Leiternweg" ab. Nun spazieren wir erst entlang eines Bächleins abwärts, dann halten wir uns an der Verzweigung, wo der Bach den Weg unterquert, links. An der nächsten Abzweigung biegen wir mit der weißrotweißen Markierung nach rechts ab.

An der Verzweigung an einer kleinen Lichtung halten wir uns rechts, überqueren wieder den Bach und treffen danach auf eine steile Steintreppe. Hier sollte man vorsichtig sein und insbesondere auf kleinere Kinder achten. Kurz nach der Treppe führt eine Höhle in den Berg. Danach wandern wir durch ein interessantes Bergsturzgebiet, wo große Felsblöcke zum Klettern verlocken.

Fünf Minuten später sind wir im Tal. Nach links spazieren wir auf einem Waldweg und vorbei am idyllischen Weiher am Spitzeneckbach in einer halben Stunde zurück nach Hohenems.

Ruine Alt-Ems

Die Burgruine Alt-Ems (740 m) gehört mit einer Länge von über 700 Metern und einer Breite zwischen zehn und siebzig Metern zu den längsten Burganlagen des deutschsprachigen Raums. Sie wurde zwischen 1160 und 1190 erbaut. 1195 hielt Kaiser Heinrich VI. den letzten Normannenkönig Wilhelm III. von Sizilien auf der Burg gefangen und blendete ihn, drei Jahre später starb der Gefangene. 1206 nahm König Philipp von Schwaben den Kölner Erzbischof Bruno gefangen und verwahrte ihn auf der Burg. Im Appenzeller Krieg 1407 wurde die Festung zerstört, ein Jahr später aber wieder aufgebaut.

Die Blütezeit der Grafen von Ems war zwischen 1588 und 1640. Nachdem 1713 der letzte Graf von Hohenems gestorben war, kamen Burg und Herrschaft an das Geschlecht Hohenems-Vaduz. 1759 starb auch diese Familie aus und die Habsburger zogen das ihnen gehörende Lehen wieder ein. Im Erbfolgekrieg Maria Theresias gegen Preußen 1760 wurden auf der Burg 360 preußische Soldaten von vierzig Österreichern gefangen gehalten.

In der Ruine befanden sich früher u. a. eine Bäckerei, ein großer Wein- und Früchtekeller, zwei Küchen, der Gefängnisturm, ein Kapellenturm mit Turmuhr und zwei Glocken, ein Pulverturm, der Konradsbrunnen und ein Burggarten mit Obst- und Nussbäumen.

Viele Gefangene saßen in den düsteren Gemäuern der Ruine Alt-Ems.

Tour 10

Der Wildpark auf dem Ardetzenberg
Der mit dem Wolf tanzt

Bodensee-Vorarlberg

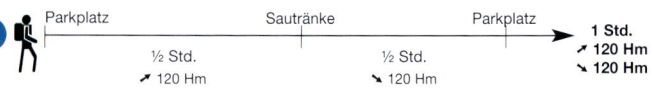

Geeignet ab: etwa 3 Jahren
Charakter: Spaziergang auf breiten Waldwegen
Zeit: 1 Std.
Höhenunterschied: 120 Hm
Ausgangspunkt: Feldkirch, Parkplatz beim Wildpark
Anfahrt: auf der Autobahn bis Ausfahrt Feldkirch-Nord oder Feldkirch-Frastanz, dann in Richtung Zentrum. Wir umfahren das Zentrum auf der Nordwestseite, ab hier ist der Wildpark ausgeschildert.
Auskünfte: Feldkirch Tourismus, Tel. 05522/73467; Verein Wildpark, Tel. 05522/74105, www..feldkirch.at/wildpark
Einkehrmöglichkeit: Gaststätte im Wildpark
Sonstiges: Der Eintritt ist kostenlos, um Spenden wird gebeten. Der Wildpark verfügt über einen gut ausgestatteten Spielplatz.

Der Wildpark auf dem 631 Meter hohen Ardetzenberg – der Name kommt aus dem Keltischen, wo *ardetjo* Anhöhe bedeutete – bietet sich für einen netten kleinen Ausflug mit Kindern an. Zu sehen sind unter anderem Steinböcke, Murmeltiere, Wildschweine und sogar Wölfe. Durch den Wildpark führen zwei Rundwanderwege, ein kurzer mit zwei und ein etwas längerer mit drei Kilometern, bei denen man außer an den Tieren noch an interessanten Lehrschildern vorbeikommt. Auf ihnen kann man viel über den Wald, seine Pflanzen und Tiere, über den Kreislauf der Natur, Klima und Bodenbeschaffenheit erfahren – Wissenswertes, das für die größeren Kinder, die bereits Biologieunterricht in der Schule haben, interessant sein wird.

Wegverlauf
Vom Parkplatz aus folgt man der Beschilderung zum Wildpark und gelangt in fünf Minuten zum Eingang. Hier hält man sich rechts, kommt zuerst zu den Streicheltieren, dann zum Gasthaus. Die Tiergehege reihen sich ab hier am Weg auf.

Später folgt ein gut ausgestatteter Spielplatz. Bei einem Aussichtspunkt und dem Gehege des Sikawildes zweigt der kurze Rundweg nach links ab. Wenn man noch etwas weiterwandert, kommt man nach dem Rehwildgehege zu einem Querweg. Hier biegen wir nach links ab und spazieren in fünf Minuten zur Sautränke, einem kleinen Teich. Wir biegen nach links ab und gehen bis zu einem querenden Weg, wo es nicht mehr geradeaus weitergeht. Hier halten wir uns links und spazieren am umzäunten Gehege des Muffelwildes vorbei bis zum Gasthaus; nun gehen wir auf bekanntem Weg zurück.

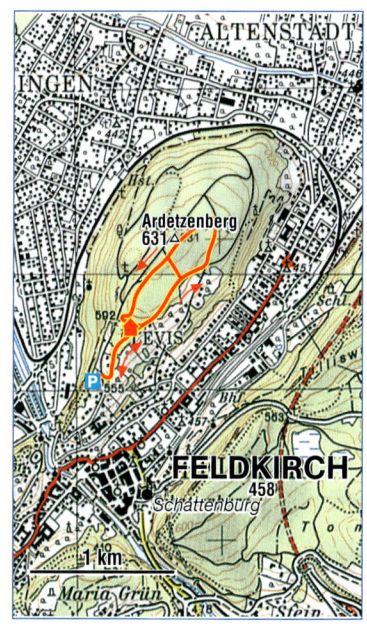

Streicheltiere füttern gefällt allen Kindern.

Die mittelalterliche Schattenburg thront über dem schönen Städtchen Feldkirch.

Hat man größere Kinder dabei, könnte man anschließend noch die Schattenburg besuchen. Man fährt sie, der Beschilderung in der Stadt folgend, am besten extra an.

Schattenburg

Im Städtchen Feldkirch lohnt sich neben der schönen mittelalterlichen Altstadt auch der Besuch der Schattenburg, die auf einer Anhöhe über der Stadt thront. Die im 12. Jahrhundert erbaute Burg ist das Wahrzeichen der Stadt. Sie diente den Grafen von Montfort zur Sicherung von Stadt und Verkehr. Das sagt auch ihr Name aus, denn „Schatten" leitet sich vom mittelhochdeutschen Wort „schade" ab und bedeutet „Schirm, Schutz". Noch heute gewährt die Schattenburg Kindern und Eltern einen Blick in die Welt des frühen 16. Jahrhunderts. Die Burgmauern, der Bergfried, die altertümlichen Räume und der schöne Innenhof sorgen für eine einzigartige mittelalterliche Atmosphäre. Heute beherbergt die Schattenburg neben einem Gasthaus auch ein interessantes Heimatmuseum und eine reich ausgestattete Waffenkammer. (Auskünfte unter 05522/72444)

Über den See zur Burgruine
Schwarzer See und Ruine Sigburg

Tour 11

Göfis	Schwarzer See	Ruine Sigburg	Göfis	
	1 Std.	¾ Std.	¼ Std.	2 Std.
	↗ 150 Hm	↗ 100 Hm	↗ 50 Hm	↗ 300 Hm
	↘ 180 Hm	↘ 150 Hm		↘ 300 Hm

Bodensee-Vorarlberg

Geeignet ab: etwa 8 Jahren
Charakter: überwiegend gute Feld- und Waldwege und Sträßchen, etwa eine Viertelstunde lang geht man auf einem Pfad.
Zeit: 2 Std.
Höhenunterschied: 300 Hm
Ausgangspunkt: Göfis, Kirche
Anfahrt: Autobahn bis Ausfahrt Feldkirch/Frastanz, dann kurz in Richtung Feldkirch und bei Maria Grün nach rechts nach Göfis abbiegen. Parkgelegenheit im Zentrum.
Öffentliche Verkehrsmittel: mit der Linie 67 nach Göfis-Kirche
Auskünfte: Tourismusverein Göfis, Tel. 05522/73146
Einkehrmöglichkeiten: Göfis, Schwarzer See

Der Schwarze See liegt idyllisch im Wald. Er entstand vor langer Zeit durch einen Bergsturz. Die Wanderung führt an aussichtsreichen Stellen vorbei zur Ruine Sigburg.

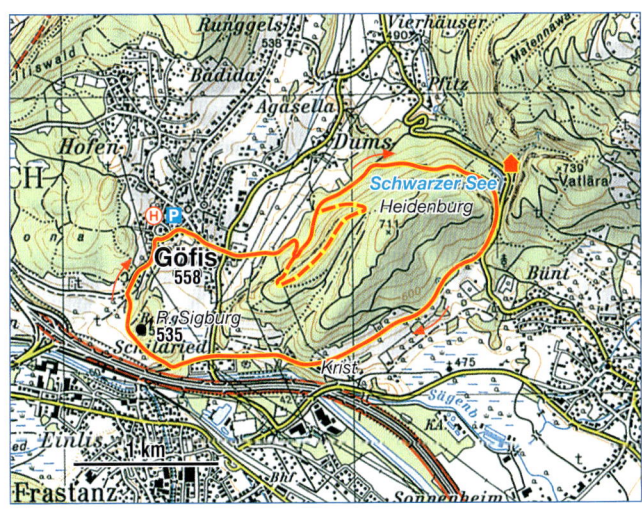

Der Schwarze See liegt wie ein Märchensee idyllisch mitten im Wald.

Wegverlauf

Unterhalb von Kirche und Gemeindeamt folgen wir der Straße nach Büttels, wo wir auf die querende Landstraße treffen. Hier halten wir uns geradeaus in Richtung „Schwarzer See" und steigen hoch zum Wald. Dort gehen wir geradeaus auf dem Schotterweg weiter. An der nächsten Verzweigung wandern wir nach links. Wer will, kann hier aber in rund einer halben Stunde nach rechts zur Heidenburg wandern. Fünf Minuten später kommen wir zur nächsten Verzweigung, von hier aus wäre es nur eine Viertelstunde zur Heidenburg.

Der Weg zum Schwarzen See führt aber geradeaus weiter. Beim Schild „Zieger 550 m" biegen wir nach rechts auf den Mühlsteinweg ab. Fünf Minuten später dürfen wir den nach rechts abzweigenden Naturweg zum Schwarzen See nicht verpassen. Nun steigt es wieder an und jetzt folgt rund eine Viertelstunde lang ein teilweise schmieriger Erdweg, der bei Nässe rutschig ist.

Unser Pfad bringt uns zu einem Querweg, dem wir nach rechts folgen. Fünf Minuten später treffen wir auf die Straße, links davon liegt der Schwarze See. Hier kann man eine Pause einlegen und den Anglern beim Fischen zusehen.

Am Seeende spazieren wir auf dem Naturweg bis zur Landstraße. Hier halten wir uns rechts. Wenig später biegen wir erneut nach rechts ab („Schildried"). Ab hier haben wir immer wieder einen prächtigen Blick in den Walgau. Nach einem Steinmäuerchen nehmen wir an einer Verzweigung den rechten, besseren Weg, der in den Wald führt. An der nächsten Verzweigung folgen wir der weißgelben Markierung nach links und gelangen leicht bergabgehend zum Kristhof. An der Verzweigung nach den Häusern halten wir uns rechts in die Asphaltstraße, an der nächsten Verzweigung links in Richtung „Schildried". Fünf Minuten später haben wir diese Ansiedlung erreicht. Wir überqueren die Landstraße und gehen dahinter geradeaus auf den mit Wald bewachsenen Hügel zu.

Rund drei Minuten später werden wir in Richtung „Göfis, Ruine Sigburg" nach rechts verwiesen. Nun steigt es auf einem unbefestigten, schotterigen Weg an. Nach rund fünf Minuten sehen wir rechts die Ruine Sigburg.

Nach der Ruine spazieren wir noch drei Minuten bis zu einem Querweg nach einer Schranke, hier biegen wir nach rechts ab und kommen nach Göfis. Wir treffen auf ein Sträßchen, dem wir in Gehrichtung folgen. An einer Verzweigung nehmen wir die nach rechts führende Straße und gehen auf das Ortszentrum mit der Kirche zu.

Ruine Sigburg und Heidenburg

Bei der Ruine Sigburg sieht man noch große Teile der Ummauerung, die teilweise rund zwei Meter dick ist. In der Sigburg wohnten die Ritter von Göfis, die im 13. Jahrhundert Dienstmannen der Feldkircher und Werdenberger Linie der Montforter waren. Da sie mit dem Grafen Friedrich von Toggenburg in Streit gerieten, zerstörte dieser im Jahre 1435 ihre Burg. In ihr Inneres kann man mittels einer Treppe gelangen, aber auch eine Holzleiter benutzen.

Auch auf der so genannten Heidenburg befand sich vielleicht eine Feste dieses Geschlechts. Es gibt zwar keine urkundlichen Nachweise hierfür, aber auf Grund von Ausgrabungen wird dies vermutet. Da auch Funde aus der Bronzezeit (2150–800 v. Chr.) gemacht wurden und sich hier im 3. bis 4. Jahrhundert n. Chr., der späten Römerzeit, ein Kastell befand, wird dieses Geländestück Heidenburg genannt.

Tour 12: In Riefensberg bergab zum Barfußweg
Etwas für die Harten

Riefensberg Kirche	Barfußparcours	Barfußparcours	Riefensberg Kirche	1 Std.
20 Min. ↘ 60 Hm	20 Min. ↘ 60 Hm ↗ 60 Hm	20 Min. ↗ 60 Hm		↗ 120 Hm ↘ 120 Hm

Bregenzerwald

Geeignet ab: etwa 6 Jahren
Charakter: Wir gehen auf einem Sträßchen bzw. einem festen Weg zum Ausgangspunkt, der Barfußweg selbst verläuft auf einem Pfad. Zwischen den Stationen ist es aber empfehlenswert, sich wieder die Schuhe anzuziehen. Um sich den Schmutz von den Füßen zu waschen, sollte man daher Wasser und ein Handtuch mitnehmen. Zwischen Spätherbst und Frühling gibt es am Ausgangspunkt kein Wasser!
Zeit: reine Gehzeit etwa 1 Std., man wird aber länger unterwegs sein, je nachdem, wie lange man bei den Stationen verweilt.
Höhenunterschied: etwa 120 Hm
Ausgangspunkt: Riefensberg
Anfahrt: über Alberschwende nach Hittisau, dort folgen wir der Beschilderung nach Riefensberg
Öffentliche Verkehrsmittel: Bus 29 Egg – Oberstaufen oder Bus 30 ab Hittisau
Auskünfte: Tourismusbüro Riefensberg, Telefon 05513/8356-0
Einkehrmöglichkeit: Riefensberg

In Riefensberg wurde der erste Barfußpfad des Landes eingerichtet – so etwas macht Kindern ja immer Spaß. Vom Dorf aus geht es zuerst einmal hinab zu dessen Ausgangspunkt. Der Pfad selbst ist eine Mischung aus Barfußpfad und Forstmeile mit vielen interessanten Stationen, darunter eine Kletterwand. Da die Abstände zwischen den einzelnen Stationen doch recht weit sind und die normalen „Wohlstandsfußsohlen" in der Regel nicht unbedingt so abgehärtet, ist zu überlegen, ob man zwischendurch nicht doch die Schuhe wieder anziehen soll.

Bauernhof auf dem Weg zum Barfußweg

Wegverlauf

Wir beginnen unsere Wanderung bei der Kirche und gehen vorbei am Brunnen mit dem Hahn und an der Volksschule, immer den Berg hinab. Rechts passieren wir den Tennisplatz, anschließend links den Sportplatz. Nach ein paar Häusern werden wir zum „Barfußparcours" nach rechts verwiesen. Nach dem Wohnhaus folgen wir noch einmal der Beschilderung vor dem Bauernhaus nach rechts.

Nun geht es weiter hinab zum Waldrand, wo uns der Beginn des Barfußweges mit einer ausführlichen Erklärungstafel erwartet. Rechts von dem breiteren Waldweg führt ein Pfad leicht hinab. Nach den ersten Stationen werden wir wiederum nach links verwiesen, überqueren den Waldweg und begehen danach den Barfußweg, der uns gut ausgeschildert als Rundkurs wieder zurück zum Waldweg bringt. Zurück ins Dorf gehen wir denselben Weg.

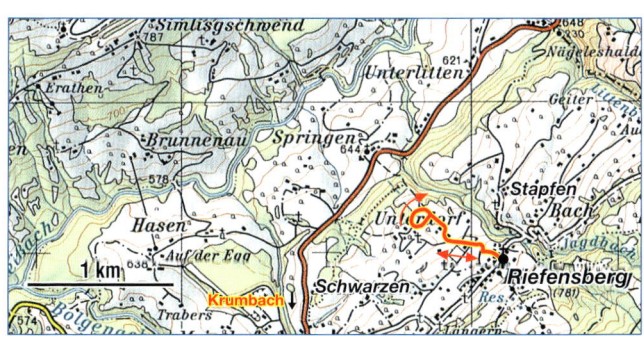

Tour 13

Wildwasser neben dem Bahndamm
Entlang der Bregenzerach

Bregenzerwald

P. Alter Bahnhof	Weissachmündung	Reute	Englen	P. Alter Bahnhof	2½ Std.
50 Min.	30 Min.	35 Min.	35 Min.		↗ 200 Hm
↘ 30 Hm	↗ 150 Hm	↗ 50 Hm	↘ 170 Hm		↘ 200 Hm

Geeignet ab: entlang des Flusses ab etwa 3 Jahren, ganze Tour ab etwa 8 Jahren
Charakter: Die Wanderung führt zuerst knapp eine Stunde eben, auf geschottertem Weg neben der Bregenzerach entlang. Diese Teilstrecke ist auch mit kleinen Kindern oder sogar mit einem stabilen Kinderwagen kein Problem. Man kann außerdem umkehren, wann immer man will. Der anschließende Pfad durch den Wald ist bei feuchtem Wetter rutschig, danach wandern wir wieder auf asphaltierten Wegen. An den Steilabstürzen am Fluss und beim Aufstieg im Wald sollte man gut auf die Kinder aufpassen.
Zeit: etwa 2 ½ Std.
Höhenunterschied: etwa 200 Hm
Ausgangspunkt: Langenegg
Anfahrt: Auf der B 200, dann auf die B 205 in Richtung Lingenau abzweigen. An der scharfen Kurve geht es ab nach Müselbach. Durch den Ort hindurch kommt man hinab ins Tal der Bregenzerach. Nach dem Fluss, wo es nach Langenegg wieder ansteigt, zweigen wir links ab zum „Alten Bahnhof Langenegg". Hier befindet sich ein Parkplatz.
Öffentliche Verkehrsmittel: Mit dem Bus 29 (Oberstaufen – Egg) nach Langenegg, Haltestelle Gemeindeamt. Dann verlässt man den Ort in Richtung Lingenau und biegt bei den letzten Häusern rechts ab in Richtung „Energieportal An der Aach". Nun wandert man auf dem Sträßchen hinab bis vor den Fluss, wo man sich rechts Richtung Parkplatz hält. Auf dem Rückweg folgt man ab Englen dem Sträßchen zurück bis Langenegg.
Auskünfte: Gemeinde Langenegg, Tel. 05513/4101-9914
Einkehrmöglichkeit: Langenegg

Wegverlauf

Wir folgen ab dem Parkplatz mit dem Wegweiser „Alter Bahnhof 490 m" der Bregenzerach in Fließrichtung. Nun wandern wir eben bzw. leicht abfallend neben dem Fluss her in Richtung „Weißachmündung". Ab und zu kann man ans Wasser gelangen, wo die Kinder spielen können. Allerdings sollte man an den übrigen Stellen gut auf sie achtgeben, da das Gelände teilweise steil abfällt.

Nach gut einer halben Stunde kommen wir am Schild „Kraftwerk Langenegg 470 m" vorbei, eine Viertelstunde später er-

Am Anfang dieser Wanderung gehen wir auf einem ehemaligen Bahndamm eben neben der Bregenzerach her, die immer wieder schöne Szenen eines  wilden Gebirgsflusses zeigt. Ab und zu kann man auch direkt an das Ufer des Wildbaches gelangen. Das wird Kindern Spaß machen, auch oder gerade weil hier kein Sand zu finden ist, sondern große, vielfarbige Kieselsteine, die der Fluss aus dem Gebirge mitbringt.

reichen wir ein weiteres: „Weissachmündung 460 m". Hier zweigen wir in Richtung „Langenegg" rechts ab. Nun steigt der Pfad im Wald steil an und an den zahlreichen Steilabstürzen sollte man gut auf seine Kinder aufpassen.
Nach dem Wald geht es über eine Wiese zu einem unbewohnten Haus, danach auf breitem Güterweg hinauf nach Reute, das aus ein paar locker aufgereihten Bauernhöfen be-

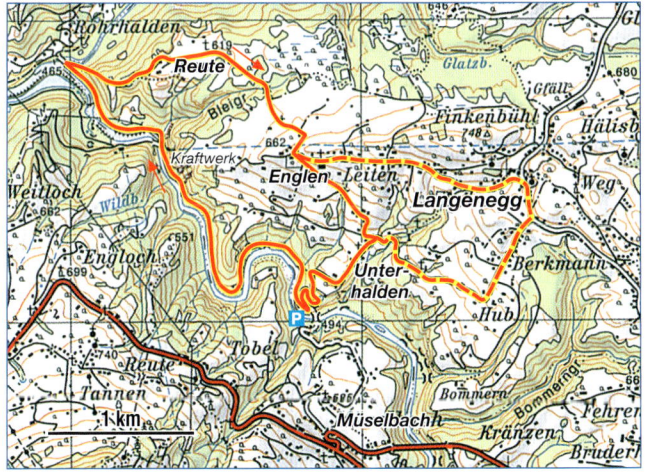

Die Bregenzerach weist wildere und ruhigere Abschnitte auf.

steht. Wir biegen links ab und wandern auf dem Asphaltweg eben weiter. Nach einem Waldstück steigt das Sträßchen leicht an nach Englen (662 m).

Dort halten wir uns an der querenden Straße links, dann gleich wieder rechts in Richtung „Unterhalden – Bregenzerach". Wir folgen dem Sträßchen, gehen durch Unterhalden hindurch und erreichen die Straße, die von Langenegg hinab ins Flusstal und wieder hinauf nach Müselbach führt.

Wir folgen ihr nach rechts und wandern in weiten Kurven hinab zum Fluss. Vor ihm halten wir uns rechts und kommen zum Ausgangspunkt.

Naturwunder und Mutprobe
Quelltuffwanderung und wackelige Hängebrücke

Tour 14

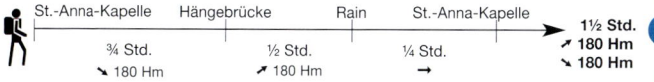

| St.-Anna-Kapelle | Hängebrücke | Rain | St.-Anna-Kapelle | 1½ Std. |
| ¾ Std. ↘ 180 Hm | ½ Std. ↗ 180 Hm | ¼ Std. → | | ↗ 180 Hm ↘ 180 Hm |

Bregenzerwald

Geeignet ab: etwa 6 Jahren
Charakter: Im Bereich des Quelltuffes steiles, ausgesetztes Gelände. Man sollte gutes Schuhwerk mit Profilsohlen tragen, schwindelfrei sein und nach Möglichkeit die Kinder an die Hand nehmen. Bei feuchtem Wetter sind die Holzstege rutschig. Das Verlassen der Wege sowie das Mitnehmen von Tuffmaterial sind verboten. Für Kinder interessante Tour, auch wenn es auf dem Rückweg steil bergauf geht!
Zeit: Quelltuff-Wanderweg ¾ Std., insgesamt ab St.-Anna-Kapelle 1½ Std.
Höhenunterschied: 180 Hm

Ausgangspunkt: Lingenau, St.-Anna-Kapelle
Anfahrt: von Dornbirn auf der B 200 in den Bregenzerwald und über Alberschwende nach Lingenau. Die St.-Anna-Kapelle liegt noch vor Ort direkt an der Straße. Parkplätze findet man beim nahen Vitalhotel Quellengarten (nach dem Tennisplatz an der Straße nach Langenegg).
Öffentliche Verkehrsmittel: mit der Linie 41 nach Lingenau-St. Anna bzw. mit der Linie 29 nach Lingenau-Vitalhotel Quellengarten
Auskünfte: Tourismusbüro Lingenau, Tel. 05513/6321

Diese geologisch höchst interessante Tour führt durch den Quelltuff bei Lingenau – eine der großartigsten Kalksinterbildungen nördlich der Alpen. Der Quelltuff wird durch einen informativen und gut gemachten Lehrpfad erschlossen. Auf fünf Schautafeln kann man dabei Interessantes zu Flora, Geologie und Ortsgeschichte nachlesen. Zudem gilt es für Kinder, auf dieser Wanderung eine Mutprobe zu bestehen. Der Weg führt nämlich zu einer wackeligen Hängebrücke über die Subersach.

Wegverlauf

Vom Parkplatz spazieren wir zu der in Kleeblattform errichteten Kapelle und nehmen den gegenüber der Kapelle beginnenden Weg in Richtung „Lehrpfad Quelltuff". Wir zwoigen an der nächsten Verzweigung nach links ab. Nun geht es steil abwärts. Bei den letzten Häusern folgt eine weitere Verzwei-

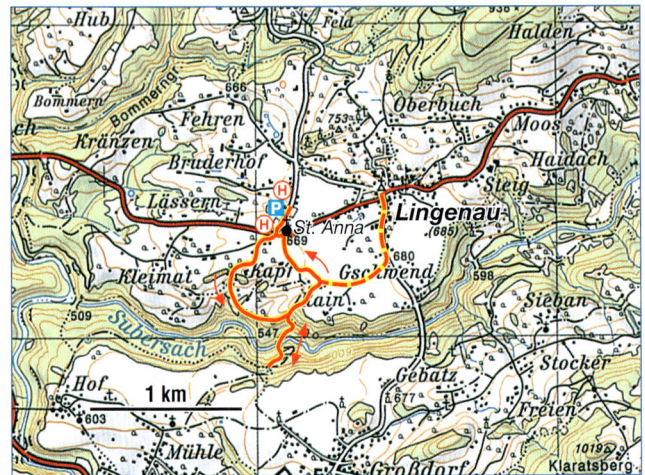

gung, hier halten wir uns erneut links. Hier endet auch das befestigte Sträßchen und wir gehen auf einem Pfad und auf Stufen hinab in das Quelltuffgebiet. Bald steigt der Weg wieder an und bringt uns schließlich an den Waldrand. Nach links gehen wir später hoch und zurück, erst folgen wir aber dem Weg nach rechts hinab zum Drahtsteg. Es geht in Serpentinen steil abwärts in die Schlucht bis zu dieser wackeligen, aber absolut sicheren Hängebrücke – eine Mutprobe für Kinder und somit sicher ein bleibendes Erlebnis! Im Bachbett der Subersach finden sich zudem viele Spielmöglichkeiten für Kinder.

Anschließend gehen wir wieder hoch zur Verzweigung am Waldrand und wandern weiter bergauf in Richtung Ortsmitte. Nach dem ersten Bauernhof halten wir uns links und kommen in wenigen Minuten zurück zur Kapelle.

Wer die Tour ein wenig erweitern möchte, startet in Lingenau bei der Kirche. Wir wandern Richtung Egg und nehmen gleich nach dem Ort vor dem kleinen Magnusbildstock und der hinter ihm stehenden Trafostation den nach rechts abgehenden Weg in Richtung „Lehrpfad Quelltuff". Auf ihm wandern wir, immer oben bleibend, bis zur Anna-Kapelle, wo die eigentliche Tour beginnt. Auf dem Rückweg halten wir uns bei dem Bauernhof rechts und wandern wie zu Beginn zurück nach Lingenau.

An den Quelltuffbildungen führt ein interessanter Lehrpfad vorbei.

Quelltuff

Quelltuff entsteht dadurch, dass sich auf dem unterirdischen Weg des Wassers durch das kalkhaltige Konglomerat Kalk löst, der dann beim Austritt des Wasser an die Luft wieder abgeschieden wird. Er baut das Tuffgestein auf – es wächst jährlich mehrere Millimeter – und „versteinert" Moose, Zweige und Blätter. Das durch das Verkalken entstehende Gestein ist locker und porös und ähnelt einem Schwamm. Im Lauf der Zeit hat das Kalk abscheidende Wasser den Abhang zur Subersach mit tropfsteinartigen Baldachinen und meterhohen pilzförmigen Tuffwänden überzogen – ein faszinierendes geologisches Phänomen. Dieses Tuffgestein war früher ein beliebtes Baumaterial, insbesondere für Ställe und Gewölbe. Bis in die Fünfzigerjahre des 20. Jahrhunderts wurde im Lingenauer Quelltuffgebiet noch Kalktuff abgebaut. 1998 wurde es zum Naturdenkmal erklärt.

Tour 15: In die Engenlochschlucht

Unterwegs auf dem Wasserwanderweg

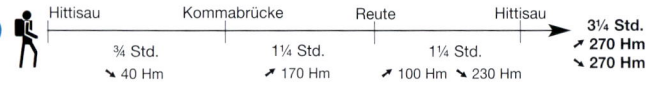

Hittisau	Kommabrücke	Reute	Hittisau	3¼ Std.
	¾ Std. ↘ 40 Hm	1¼ Std. ↗ 170 Hm	1¼ Std. ↗ 100 Hm ↘ 230 Hm	↗ 270 Hm ↘ 270 Hm

Geeignet ab: etwa 10 Jahren
Charakter: Leichte Wanderung auf Wald- und Wiesenwegen, der Rückweg verläuft auf einem Sträßchen. Es gibt außerdem verschiedene Ein- und Ausstiegsmöglichkeiten zum Wasserwanderweg.
Gehzeit: Etwa 3½ Std.

Höhenunterschied: Etwa 270 Hm
Ausgangspunkt: Hittisau
Anfahrt: Von Dornbirn auf der B 200 in den Bregenzerwald, über Alberschwende nach Müselbach und hier abzweigen auf die B 205 über Lingenau nach Hittisau.
Auskünfte: Tourismusbüro Hittisau, Tel. 05513/6209-50

Über die Schlucht und die darin fließende Bolgenach führt die 1720 erbaute Kommabrücke, die älteste gedeckte Holzbrücke Vorarlbergs. Nach der Brücke wandern wir auf dem interessanten Wasserwanderweg entlang der Bolgenach. Der Höhepunkt dieser Wanderung ist aber sicherlich die rund 300 Meter lange, wild-romantische Engenlochschlucht. Sie wurde 1920 erschlossen. Auch für Kinder wird auf dieser Wanderung etwas geboten: die Nachbildung eines Sägewerkes, das selbst in Bewegung gesetzt werden kann, eine wackelige und Mut erfordernde Hängebrücke, außerdem einige auf Tafeln angeschriebene Sagen.

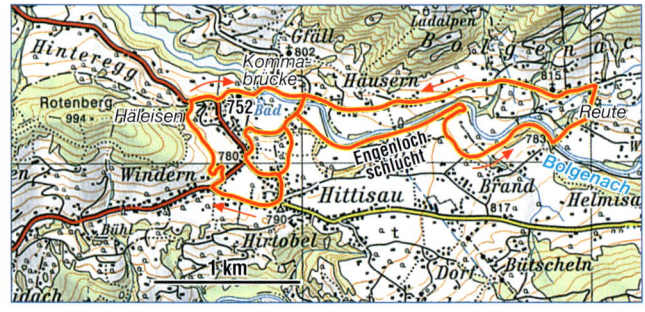

Kindern gefällt diese schwankende Hängebrücke besonders gut.

Wegverlauf

Wir starten bei der Kirche von Hittisau und spazieren zuerst neben der Straße in Richtung Lingenau. Wo nach rechts die Straße nach Krumbach führt, steigen wir auf der anderen Straßenseite auf dem Zickzackweg durch die Wiesen hoch zu den Häusern und gehen an ihnen links vorbei.

Wir wandern oberhalb der Häuser mit schönem Blick auf Hittisau durch die Wiesen und halten uns beim Schild „Kommabrücke" rechts; schließlich geht es hinab zur Straße und dahinter auf einen Hof zu. Vor ihm jedoch werden wir nach rechts verwiesen. Vorbei an einem weiteren Hof kommen wir zur Fatimakapelle.

Wir gehen steil hinab und vor dem Freibad nach links zur Kommabrücke. Hier beginnt auch der Wasserwanderweg. Nach der Brücke halten wir uns an einer Verzweigung rechts und wandern neben dem Bach bis zur Straße. Hier orientieren wir uns kurz rechts, dann links („Hängebrücke Engenlochschlucht"). Etwas später zweigt bei einem Bacheinlauf der Wanderweg links von der Asphaltstraße ab. Hier gibt es auch einen Barfußpfad, auf dem man verschiedene Untergründe ausprobieren kann.

Danach erreichen wir den Auslauf eines vier Kilometer langen Stollens, der von der Subersach hierher führt. Anschließend führt die Hängebrücke nach links über den Bach – eine „Mutprobe" und ein Erlebnis für Kinder. Hier steht auch die Nachbildung einer Sägemühle, deren Wasserrad selbst in Bewe-

Die Kommabrücke ist die älteste gedeckte Holzbrücke des Landes.

gung gesetzt werden kann. Wir aber bleiben auf der rechten Bachseite und kommen danach in die Engenlochschlucht.

Am Ende der Schlucht geht es steil nach rechts hinauf, oben auf schmalem Grat etwas zurück und dann nach links aus dem Wald hinaus und auf einem Wiesenpfad zur Straße. Wir befinden uns hier auf dem Brandbühel, der eine Moräne aus der letzten Eiszeit ist. Wer schon zurück will, hält sich hier rechts, kurz danach nach den Häusern am Feldkreuz noch einmal rechts und spaziert in rund zwanzig Minuten zurück nach Hittisau.

Wer aber den Wasserpfad zu Ende gehen will, biegt hier nach links ab, spaziert wieder hinab zum Bach und danach hinauf nach Reute.

Ab hier wandern wir auf der Straße nach links bis zu der Straßenbrücke, die wir vorhin überquert haben und nun nach links hinauf nach Hittisau.

Wer nicht auf der Straße gehen will, biegt – wie schon zu Beginn – kurz nach der Brücke nach links ab. Etwas später führt ein Weg nach rechts hinauf zu einer Straße, die uns nach rechts zurück zur Kirche bringt.

Badestelle Engenlochschlucht

In der Engenlochschlucht gab es Anfang des 19. Jahrhunderts ein durch einen Damm entstandenes kleines Naturbad – die Temperaturen werden wohl nur etwas für abgehärtete Naturen gewesen sein. Immerhin wurden sogar Umkleidekabinen gebaut, und die Gemeinde machte 1902 für ihre „Badestelle zwischen Felsen und Buschwerk" kräftig Reklame.

Rund um den Lecknersee
Alpwiesen, so weit man blickt

Tour 16

Parkplatz – Äuelealpe – Helmingenalpe – Neuschwandalpe – Lecknersee – Parkpl.

¾ Std. / ¼ Std. / ¼ Std. / ½ Std. / ¼ Std.
↗ 250 Hm / ↘ 20 Hm / ↘ 150 Hm / ↘ 70 Hm / ↘ 10 Hm

2 Std.
↗ 250 Hm
↘ 250 Hm

Bregenzerwald

Geeignet ab: etwa 6 Jahren
Charakter: einfache Wanderung auf Alpwegen, ein kurzes Stück auf einem Wiesenweg. Der knapp vierzigminütige Anstieg kommt gleich zu Beginn.
Zeit: 2 Std.
Höhenunterschied: 250 Hm
Ausgangspunkt: Hittisau, Parkplatz Lecknersee
Anfahrt: von Dornbirn auf der B 200 über Alberschwende und Lingenau nach Hittisau. In Hittisau fährt man zunächst in Richtung Riefensberg, biegt jedoch nach der Bolgenach nach rechts ab. Dann fährt man auf der Mautstraße bis zum letzten Parkplatz.
Auskünfte: Hittisau Tourismus, Tel. 05513/6209-50
Einkehrmöglichkeiten: Hittisau, Neuschwandalpe, Gasthaus Höfle, Gasthof Alpenrose
Sonstiges: In Hittisau gibt es ein Freibad und drei interessante Museen (Alpsennereimuseum, Lebensbilder aus dem 19. Jahrhundert, Frauenmuseum).

Diese Tour führt uns durch die von der Alpwirtschaft geprägte Landschaft um den Lecknersee. Hittisau ist die Gemeinde mit den meisten Alpen Österreichs, und allein hier um den See gibt es rund fünfzig Stück davon! Während Erwachsene sich an der herrlichen Bergumgebung unterhalb der Nagelfluhkette mit dem Hochgrat erfreuen, sorgen Einkehrmöglichkeiten in der zweiten Hälfte der Wanderung und ein kleines Tiergatter auch beim Nachwuchs für gute Laune. Interessant für größere Kinder ist auch das Nagelfluhgestein, das hier immer wieder zu sehen ist.

Wegverlauf

Wir spazieren zwei Minuten taleinwärts, dann biegen wir nach rechts ab in Richtung „Hochleckach über Äuele". Der Weg steigt gemächlich mit ein paar Serpentinen an, wobei bei der ersten Rechtskurve links im Wald ein kleiner Wasserfall rauscht. Nach einem Gatter werden wir mit dem Schild „Äuelealpe, Helmingenalpe" nach links verwiesen, nun geht es nur noch leicht ansteigend auf einem Wiesenweg weiter zur einsamen Äuelealpe.

Ab hier wandern wir wieder bergab. Wir überqueren die Grenze zu Deutschland und sind in knapp einer Viertelstunde bei der Helmingenalpe. Vor ihr biegen wir jedoch nach links ab und folgen dem Weg, der uns über die Neuschwandalpe – hier gibt es ein kleines Tiergatter – und das Gasthaus Höfle zum Leckernsee bringt. Vom See gelangen wir in knapp einer Viertelstunde zurück zum Ausgangspunkt.

Leckhersee

Der Leckernsee ist ein „junger" See, denn er wurde erst im 19. Jahrhundert durch einen Bergrutsch gebildet. Da er im Laufe der Zeit zu verlanden drohte, hat der Mensch zweimal in den natürlichen Verlauf eingegriffen, das letzte Mal 1999.

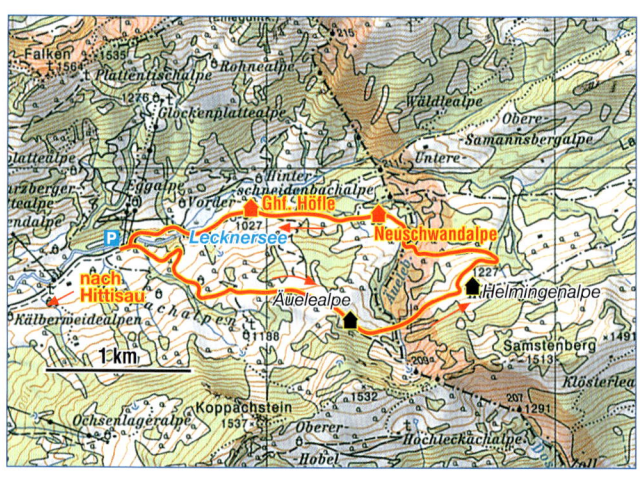

Der Lecknersee lädt ein zu einer Rast.

Nagelfluh

Obwohl das Nagelfluhgestein aussieht wie mit Zement verbackene Kieselsteine, ist es doch auf natürliche Ursachen zurückzuführen. Zur Entstehung muss man weit in die Erdgeschichte zurückgehen. Es entstand, als Schlamm, Geröll und Sande durch die urzeitlichen Flüsse verfrachtet und abgelagert wurden. Sie verfestigten sich zu einer kompakten Gesteinsmasse – dieser „Naturbeton" wurde dann Nagelfluh genannt, weil die hervorstehenden Kieselbatzen wie Nagelköpfe aussehen. Aufgrund der Alpenfaltung wurde es auf die heutige Höhe der Berge herausgehoben. Da das Gestein, obwohl es aus einzelnen Stücken besteht, doch sehr widerstandsfähig ist, kann es auch große und steile Gipfel bilden. Im benachbarten Allgäu gibt es eine ganze Bergkette, die nach diesem Gestein Nagelfluhkette genannt wird.

Tour 17: Vom Bödelesee zum Fohramoos
Viel zu sehen

Bödele	Schanz	Fohramoos	Losenpass	Bödele	1¾ Std.
30 Min.	15 Min.	30 Min.	30 Min.		↗ 150 Hm
↗ 40 Hm ↘ 65 Hm	↗ 15 Hm	↗ 70 Hm ↘ 35 Hm	↗ 25 Hm ↘ 50 Hm		↘ 150 Hm

Bregenzerwald

Geeignet ab: bis zum See ab etwa 3 Jahren, ansonsten ab 6 Jahren
Charakter: Wir wandern auf festen Wegen, durch das Moor allerdings zeitweise auf Naturpfaden oder Bohlenwegen.
Zeit: etwa 1¾ Std.
Höhenunterschied: etwa 150 Hm
Ausgangspunkt: Bödele

Anfahrt: von Dornbirn oder Schwarzenberg aus
Öffentliche Verkehrsmittel: Buslinie 38 Bersbuch-Dornbirn bis Haltestelle Schwarzenberg Bödele
Auskünfte: Schwarzenberg Tourismus, Tel. 05512/3570
Einkehrmöglichkeit: Bödele, Gasthaus Meierei

> In ein Moor gehen Kinder meist gerne, gibt es hier doch viel zu sehen. Nicht nur die Pflanzen sind interessant, man findet auch das eine oder andere seltene Insekt, und wandert, wie auch in diesem Fall, zeitweise auf Bohlenwegen, was immer etwas Besonderes ist.

Wegverlauf

Wir gehen von der Bushaltestelle oder den umliegenden Parkplätzen zum Hotel Berghof Fetz, wo wir das Wander-

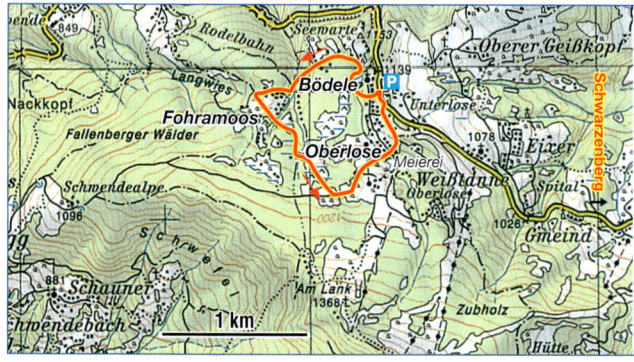

Der kleine Bödelesee liegt idyllisch im Wald.

schild „Bödele Losenpass 1140 m" sehen. Dort steigen wir links vom Hotel hinauf zu der kleinen Kapelle und links von ihr hinab zum Bödelesee. Dieses idyllische Gewässer kann man umrunden, mit ganz kleinen Kindern spaziert man danach wieder zurück.

Ansonsten folgen wir beim Schild „Bödelesee 1140 m" dem Sträßchen, das rechts am See vorbei in Richtung Fohramoos führt. Wir wandern an einigen Häusern vorbei, anschließend etwas bergab in den Wald, wo der Weg über ein Bächlein führt. Nach wenigen Schritten kommen wir zum Schild „Schanz 1115 m", hier zweigen wir links ab.

Auf dem Weg über die Waldwiese

Vor der Lichtung mit den Häusern folgen wir dem weiß-rotweißen Wanderschild nach rechts. Wir gehen am Rand der Siedlung entlang. Nun spazieren wir am Waldrand bis zu den ersten Bäumen auf der anderen Seite der Wiese, dort finden wir das Schild „Fohramoos 1130 m". Wir biegen links ab in Richtung „Oberlose Bödele". Nach der Wiese kommen wir in einen locker bewachsenen Wald und gehen anfangs am Bach entlang – auf einem Bohlenweg – durch das prächtige Moos.

Schließlich wird der Weg etwas steiler und wir kommen zu einer querenden, breiten Forststraße. Hier halten wir uns am Schild „Losenpass 1170 m" links und gehen ab nun relativ eben in Richtung „Oberlose Bödele".

Kurz nach dem Wald sehen wir rechts, am Ende des Babylifts Oberlose, das Gasthaus Meierei. Wir gehen geradeaus bergab, auch bei der Siedlung behalten wir unsere Richtung bei, und kommen zur Landstraße. Nach links wandern wir zurück zum Ausgangspunkt.

An der Bregenzerach
Wildes und gezähmtes Wasser

Tour 18

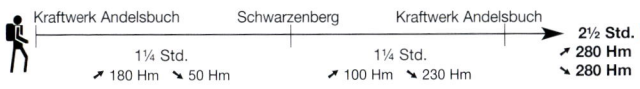

Geeignet ab: etwa 10 Jahren
Charakter: Leichte Wanderung, zu großen Teilen auf Sträßchen, ansonsten auf guten Wegen.
Gehzeit: Etwa 2½ Std., bei Start am oberen Stausee etwa ½ Std. zusätzlich
Höhenunterschied: Etwa 280 Hm, bei Start am oberen Stausee etwa 60 Hm zusätzlich
Ausgangspunkt: Kraftwerk Andelsbuch
Anfahrt: Von Dornbirn aus auf der B 200 nach Andelsbuch

Auskünfte: Kraftwerk, Tel. 05574/ 31581 oder 601-2601. Hier können auch Besichtigungstermine vereinbart werden. Tourismusbüro Schwarzenberg, Tel. 05512/3570
Einkehrmöglichkeit: beim Fischteich beim Kraftwerk
Sonstiges: Im Bereich Tanna (zwischen dem Kraftwerk und Bersbuch) gibt es schöne Badetümpel im Bach. Im sehenswerten Dorf Schwarzenberg lohnt sich auch der Besuch des interessanten Heimatmuseums.

Bregenzerwald

Diese Wanderung bietet sowohl für technisch Interessierte wie auch für Freunde ursprünglicher und wilder Wasser etwas. Wir starten beim 1908 erbauten Kraftwerk Andelsbuch. Beim Bau war das Kraftwerk das größte Elektrizitätswerk Österreichs. Noch heute ist der Gesamtkomplex mit Stausee, Wehranlage, Druckrohrleitung, Umspannwerk, Unterwasserkanal und Krafthaus sehenswert.
Auf dem Rückweg erleben wir die wilde Bregenzerach. Meist wird der Bach wohl friedlich fließen, was er aber für eine Kraft entfalten kann, sieht man an den großen Steinbrocken in seinem Flussbett.

Wegverlauf

Wir starten am großen Parkplatz beim oberen Staubecken, wo wir auf der anderen Straßenseite das schöne kleine Jugendstilhäuschen, das „Einlaufbauwerk", sehen. Von hier aus geht es in Serpentinen hinab zum bereits sichtbaren Kraftwerk. Wer

sich diesen Höhenunterschied von vielleicht sechzig Metern ersparen will, fährt nach Bersbuch und biegt hier beim Gasthof Engel rechts ab, wo es hinab zum Kraftwerk geht. Vor dem letzen Aufschwung zu dem Gebäude gibt es an einer Straßenverbreiterung Platz, um das Auto abzustellen.

Beim Kraftwerk nehmen wir den Pfad, der zum Ausgleichsbecken in den Wald hineinführt. Er verläuft parallel zur Bregenzerach zum Ausgleichsbecken. Wir gehen zwischen der Ache und dem Ausgleichsbecken weiter, bis wir zu einem Steg gelangen, über den wir die Ache queren. Nach kurzem Anstieg kommen wir zur Parzelle Au, wo wir auf dem Asphaltsträßchen an der Kapelle vorbei geradeaus weiter gehen.

Der Weg steigt weiter an, wir kommen durch ein Wäldchen und werden nach ihm nach links zu der Häusergruppe Rain verwiesen. Direkt nach den Häusern steigen wir auf einem Naturweg

Die Bregenzerach kann auch ein wildes Gewässer sein.

weiter an. Etwas später halten wir uns an einer Verzweigung rechts in Richtung „Schwarzenberg Ortsmitte", kommen wieder zur Straße und folgen ihr hinauf nach Schwarzenberg. Bis hierher waren wir etwa eine Stunde unterwegs.

Im Ort gehen wir vor der Kirche und dem Friedhof nach rechts steil hinunter. Kurz darauf nehmen wir den nach rechts abzweigenden Wiesenweg in Richtung „Loch Bersbuch".

Das Kraftwerk Andelsbuch ist in einem stilvollen Jugendstilgebäude untergebracht.

Es geht eine Zeit lang immer am Rand eines Baches bzw. am Waldrand entlang, bis wir nach rechts zu den Häusern an der Landstraße verwiesen werden. Das Wanderzeichen ist an einem Bauernhaus neben der Straße angebracht. Anschließend wandern wir auf dem Gehsteig der Landstraße abwärts bis wir bei einem Brunnen nach links verwiesen werden („Rain 30 Min."). Wir verlassen gleich darauf die Häuser und gehen zwischen Wiesen weiter abwärts bis wir zum Waldrand gelangen, von wo aus es im Zickzack steil hinab zum Sportplatz geht.

Wir spazieren links am Sportplatz vorbei bis zur Bregenzerach und folgen ihr nach links in Richtung „Rain". Es geht nun einige Zeit entlang des breiten Baches, dann zieht der Wanderweg nach links. Schließlich kommen wir wieder hinauf in die Ansiedlung Rain, die wir noch von vorhin kennen. Nun geht es auf dem bekannten Weg zurück zum Kraftwerk.

Variante

Der vielleicht schönere, weil naturnähere, aber etwa um eine halbe Stunde längere Weg nach Schwarzenberg knickt vor der Kapelle in Au nach rechts ab und führt, erst auf einem Naturweg, in einem weiten Bogen über Schwarzen und Wies nach Schwarzenberg.

Tour 19 — Über die Niedere

Fernsicht bis zum Bodensee

Bergstation — Niedere Höhe — Stongerhöhenalpe — Wildmoosalpe — Mittelstation

½ Std. ↗ 80 Hm | ½ Std. ↗ 10 Hm | ½ Std. ↘ 300 Hm | ½ Std. ↗ 10 Hm | 2 Std. ↗ 100 Hm ↘ 300 Hm

Geeignet ab: etwa 8 Jahren
Charakter: einfache Wanderung, zuerst eine Stunde auf Steigen, dann auf Alpwegen. Wegen des erdigen Untergrunds allerdings bei und nach feuchtem Wetter nicht zu empfehlen.
Zeit: 2 Std.
Höhenunterschied: ca. 100 Hm aufwärts, 300 Hm abwärts
Ausgangspunkt: Bezau, Bergstation Baumgarten
Anfahrt: von Dornbirn auf der B 200 in den Bregenzerwald und über Egg und Andelsbuch nach Bezau. Zahlreiche Parkplätze findet man bei der Talstation der Bergbahn.
Öffentliche Verkehrsmittel: mit den Linien 35, 37 und 40 nach Bezau-Busbahnhof. Ab Busbahnhof Bezau fährt die Linie 34 stündlich zur Seilbahn Bezau.
Auskünfte: Tourismusbüro Bezau, Tel. 05514/2295
Einkehrmöglichkeiten: Panoramarestaurant Seilbahn Bezau, Wildmoosalpe, Alpe Greußing Wildmoos, Berghaus Sonderdach bzw. bei der Tour Richtung Niederalpe (Paragleiter) liegt der Berggasthof Niedere mit Einkehrmöglichkeit

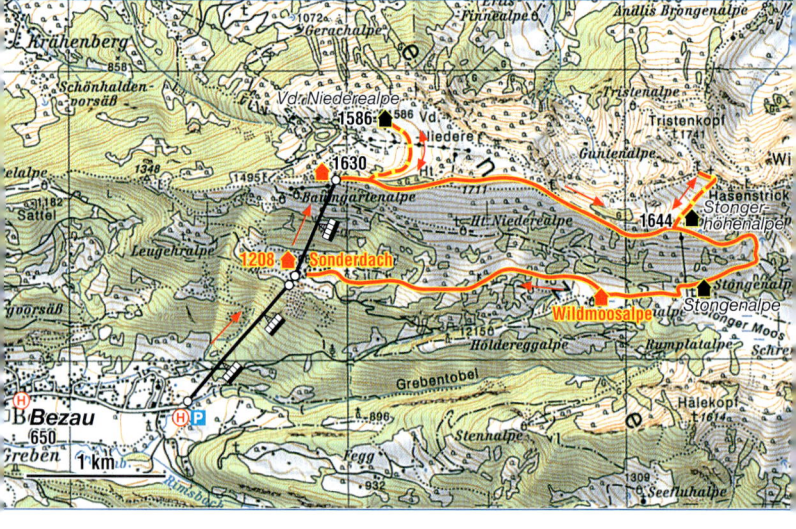

Niedere und Diedamskopf (Route 23) sind beliebte Berge zum Paragleiten.

Diese leichte Wanderung führt die erste Stunde leicht ansteigend auf einen aussichtsreichen Höhenrücken und über satte Alpwiesen, auf denen Kühe grasen und in denen man im Frühsommer eine reiche Blumenpracht mit Enzianen, Trollblumen und sogar Knabenkräutern findet. Dann geht es auf breiten Alpwegen nur noch bergab.
Interessant sind die vielen Gleitschirmflieger, die bei entsprechendem Wetter bei der Vorderen Niederealpe starten. Wer sich näher dafür interessiert, sollte einen Abstecher dorthin machen. Hin und zurück (Ab- und Aufstieg etwa 100 m) muss man hierfür allerdings rund eine Stunde Wegzeit rechnen. Fliegen sieht man sie jedoch auch vom Gratweg aus.

Wegverlauf

Nachdem man auf der Bergstation die wunderbare Aussicht auf den Bodensee genossen hat, geht man rechts in Richtung „Niedere, Stongerhöhenalpe". Der Weg steigt gemächlich an und wir bleiben immer auf dem teils schmalen Höhenrücken. Bei der Abzweigung zur Niederealpe (wenn man den Gleitschirmfliegern beim Starten zusehen möchte, biegt man hier ab) wandern wir immer geradeaus weiter zur Niederen Höhe, die wir nach gut einer halben Stunde erreichen. Ab jetzt geht es nur noch bergab.

Für Abwechslung unterwegs sorgen die Alphütten und die Kühe.

Wir kommen durch eine kleine „Felswüste", die durch Bergsturz von dem kleinen Felsmassiv links des Weges entstanden ist. Hier können die Kinder Steinmännle bauen. Nach insgesamt rund einer Stunde Gehzeit erreichen wir die Stongerhöhenalpe. Hier könnte man noch einen halbstündigen Abstecher zur Stongerhöhe machen, zurück braucht man etwas weniger lang.

Anschließend wandern wir auf dem breiten Weg abwärts. Nach einer Viertelstunde biegen wir an einer Verzweigung rechts ab („Stongenalpe, Sonderdach"). Nach zehn Minuten kommen wir zur Stongenalpe und halten uns hier rechts. An der nächsten Verzweigung gehen wir geradeaus weiter und kommen zur links des Weges liegenden, bewirtschafteten Wildmoosalpe. Wir halten uns rechts, es steigt wieder ein wenig an, und eine halbe Stunde später sind wir bereits an der Mittelstation beim Vorsäß Sonderdach. Hier kann man entweder mit der Bahn wieder hinabfahren oder man schließt die Tour Nr. 12 an. Hierzu sollten die Kinder allerdings nicht gerade im Stolperalter und auch noch nicht zu müde sein, denn der anfangs steile Weg erfordert Konzentration.

Durch den Höhlenpark
Bergab zwischen haushohen Felsbrocken

Mittelstation Sonderdach	Höhlenpark	Bezau	Talstation	1¾ Std.
½ Std.	¾ Std.	½ Std.		↗ 40 Hm
↘ 60 Hm	↘ 500 Hm	↗ 40 Hm		↘ 560 Hm

Tour 20

Bregenzerwald

Geeignet ab: etwa 8 Jahren
Charakter: Anfangs steiler Abstieg von der Mittelstation der Bezauer Bergbahn, nach rund einer halben Stunde geht es gemächlicher bergab. Bei und nach feuchtem Wetter sollte die Tour wegen des anfangs rutschigen Weges nicht unternommen werden.
Zeit: 1½ Std.
Höhenunterschied: 40 Hm Anstieg, 560 Hm Abstieg
Ausgangspunkt: Bezau, Mittelstation Sonderdach

Anfahrt: von Dornbirn auf der B 200 in den Bregenzerwald und über Egg und Andelsbuch nach Bezau. Parkplätze bei der Talstation der Bergbahn.
Öffentliche Verkehrsmittel: mit den Linien 35, 87 und 40 nach Bezau-Busbahnhof. Ab Busbahnhof Bezau fährt die Linie 34 stündlich zur Seilbahn Bezau.
Auskünfte: Tourismusbüro Bezau, Tel. 05514/2295
Einkehrmöglichkeiten: Sonderdach, Bezau

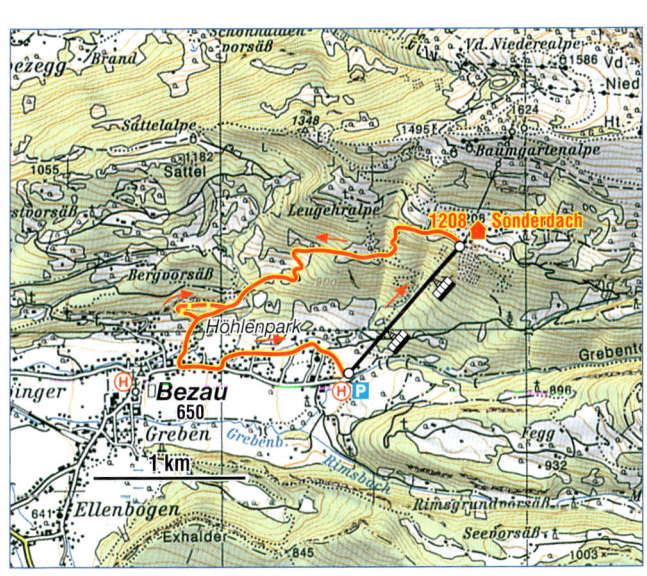

Diese kurze Tour beginnt erst mit einem steilen Abstieg, dann kommt man in den sogenannten Höhlenpark, in dem man sich zwischen riesigen Felsbrocken bewegt. Ein interessanter Lehrpfad bringt einem zudem alles über den Wald und die Natur bei, was man im Biologieunterricht versäumt hat. Die Wanderung könnte man mit konditionsstarken Kindern auch als Abstieg nach Wanderung Nr. 11 machen, allerdings müssten sie dann nach der vorausgehenden Tour noch trittsicher sein.

Wegverlauf
Wir halten uns hinter der Mittelstation Sonderdach links in Richtung „Bezau über Steinalpe" und nehmen kurz danach den links abzweigenden Weg. Gleich darauf beginnt ein anfangs steiler Abstieg, meist im Wald, teilweise aber auch über Lichtungen, die uns einen schönen Blick auf Bezau bieten. Knapp eine halbe Stunde später kommen wir an der verwaisten Steinalpe vorbei. Nach gut einer Viertelstunde treffen wir auf einen breiten Forstweg, nun geht es gemütlicher weiter. Fünf Minuten später rauscht rechts ein schöner Wasserfall herab.

Wir verlassen kurz den Wald und biegen gleich darauf mit dem Schild „Höhlenparklehrpfad" nach links ab, wieder in den Wald. (Wer den gesamten Rundweg des Höhlenparklehrpfads begeht, kommt wieder an dieser Abzweigung an.) Nun geht es zwischen mächtigen Felsbrocken abwärts zu Lehrpfadschildern. Wer den gesamten Rundweg begehen will, wird jetzt nach rechts verwiesen. Man muss dann wieder rund 50 Höhenmeter ansteigen und trifft auf den oben erwähnten Abzweig, bei dem man auf dem Herweg nach links abge-

Der Höhlenpark

Das beeindruckende „Naturdenkmal Höhlenpark" entstand durch Felsstürze vor rund einem halben Jahrtausend, deshalb sind es auch keine „richtigen" Höhlen. In den verschiedenen Löchern und Spalten der Felsen leben eine Vielzahl an Tieren, die die Dunkelheit und Dämmerung lieben, beispielsweise Eulen, Uhus und Fledermäuse. Die längste der überdachten Höhlungen ist 24 Meter lang.

bogen ist, nun biegen wir natürlich nach rechts ab und steigen ein zweites Mal auf diesem bekannten Abstiegsweg zurück zu den Lehrpfadschildern. Wenn wir dem Weg weiter abwärts folgen, erreichen wir einen großen, einzeln stehenden Felsen, den Klausenstein, auf dem sich eine kleine, offene Holzhütte befindet. Der Weg dorthin auf einer überaus luftigen Brücke ist für viele sicherlich eine kleine Mutprobe.

Anschließend gehen wir noch rund fünf Minuten hinab zu den ersten Häusern von Bezau. Hier werden wir mit dem Schild „Bergbahn Seilbahn" nach links verwiesen. Wir bleiben immer auf dem schmalen Pfad rechts des kleinen Bächleins, folgen den gelbweißen Markierungen und spazieren in knapp einer halben Stunde zurück zur Talstation. Wo bei den letzten Häusern der Weg beginnt, steiler anzusteigen, werden wir mit dem Schild „Bergbahn 3 Min." nach rechts verwiesen.

Im Höhlenpark kommt man an mächtigen Felsbrocken vorbei.

Tour 21: Sünser See und Blauer See
Wo der wilde Sünser Stier haust

Parkplatz	Blauer See	Sünser Joch	Sünser See	Portla-Fürkele	Parkplatz
1¼ Std. ↗ 250 Hm	¼ Std. →	¼ Std. ↘ 100 Hm	½ Std. ↗ 50 Hm	¼ Std. ↘ 200 Hm	2½ Std. ↗ 300 Hm ↘ 300 Hm

Bregenzerwald

Geeignet ab: etwa 10 Jahren
Charakter: Man wandert ständig auf Pfaden. Vor allem zwischen Blauem See und Sünser Joch sollten die Kinder trittsicher und schwindelfrei sein. Ebenso beim eventuellen Abstecher auf den Gipfel.
Zeit: 2½ Std.
Höhenunterschied: 300 Hm

Ausgangspunkt: Parkplatz unterhalb der Portlaalpe
Anfahrt: von Rankweil aus durch das Laternsertal zum Furkajoch bzw. über Damüls in Richtung Furkajoch
Auskünfte: Damüls-Faschina Tourismus, Tel. 05510/6200
Einkehrmöglichkeit: Portlaalpe

Mit Seen kann man Kinder auf einer Wanderung immer wieder begeistern. Besonders, wenn es sich um zwei so schön gelegene Bergseen handelt wie diese, die wir bei dieser Wanderung besuchen. Hier kann man eine Rast einlegen, damit die Nachwuchswanderer am Wasser spielen können. Hinter dem größeren der beiden, dem Sünser See, erhebt sich eine mächtige Felswand mit der Sünser Spitze als höchstem Punkt. Ein winziges Bergseelein ist dagegen der etwas höher liegende Blaue See. Wir wandern durch saftige, grüne Alpwiesen, auf denen neben anderen Alpenblumen unzählige Alpenrosen, Trollblumen und verschiedene Enzianarten wachsen. Vielleicht haben die Kinder sogar einen Sinn für die herrliche Aussicht – begeistert sind sie jedoch sicher, wenn sie von der Sünser Spitze aus sogar den Bodensee sehen können.

Wegverlauf
Ein paar hundert Meter nördlich des Furkajochs in Richtung Damüls befindet sich ein großer Parkplatz, kurz danach ein weiterer, etwas kleinerer. Auf ihm parken wir, wenn noch Platz frei ist. Hier zweigt der Güterweg zur Portlaalpe ab. Wir gehen auf diesem Weg in fünf Minuten zur Portlaalpe (1726 m) und zwischen den Häusern hindurch.

Unterwegs kommt man an der Sünsalpe vorbei.

In einer Viertelstunde steigen wir auf in einen Sattel, das Portla-Fürkele, wo sich der Weg verzweigt. Wir nehmen den Weg, der rechts am Hang entlangführt. Auf ihm steigen wir in einer Dreiviertelstunde auf zum kleinen Blauen See (1930 m) am Fuß des Portlahorns. Mit größeren Kindern kann man von hier aus in knapp 20 Minuten zum Portlahorn (2010 m) aufsteigen. Vom Blauen See wandern wir in rund zehn Minuten relativ eben weiter zum Sünser Joch (1900 m). Von hier aus geht es in einer Viertelstunde hinunter zum Sünser See (1810 m). Nach rund eineinhalbstündiger Wanderung ist eine Pause am Wasser meist sehr willkommen.

Mit größeren, konditionsstarken Kindern kann man auch einen Abstecher zur Sünser Spitze (2061 m) machen. Der Weg führt am See entlang und zweigt dahinter nach rechts ab. In rund 45 Minuten steigt man zur Sünser Spitze auf, wo man eine fantastische Aussicht, unter anderem bis zum Bodensee, hat. Der Abstecher erfordert Trittsicherheit und Ausdauer, sind doch noch rund 250 Höhenmeter zusätzlich zu bewältigen.

Der Stier im Sünser See

Im Sünser See hauste einst der gefürchtete Sünser Stier. Wenn er aus dem See auftauchte und ans Ufer schwamm, erschreckte er das Alpvieh so sehr, dass es davonrannte. Dann hatte der Hütebub viel Arbeit, bis er die versprengte Herde wieder gesammelt hatte. Manches Tier war dabei auch zu Tode gestürzt. Als einmal Fremde auf die Alpe kamen, erzählten ihnen die Sennen von dem Stier. Diese mochten die Geschichte aber nicht glauben. Als sie wieder abzogen, warfen sie im Übermut Steine in den See und riefen dem Stier allerlei Schmähworte zu. Doch nichts rührte sich im See. Nachts aber wurden die Sennen durch einen fürchterlichen Lärm aus dem Schlaf aufgeschreckt und ihre Hütte erbebte unter furchtbaren Stößen und Getrampel. Draußen stand der Stier und versuchte, da die Türe gut verschlossen und zudem gesegnet war, durch das Dach hereinzubrechen. Nach kurzer Beratung beschlossen die Alpleute, die Hütte unbemerkt zu verlassen und sich mit mächtigen Stangen zu bewaffnen. Damit wollten sie den Stier vertreiben. Als das Tier die Sennen mit ihren Stangen – bereit zum Angriff – sah, brach es in ein furchtbares Gebrüll aus und stürmte in den See, wo es verschwand. In diesem Jahr kam jedoch das meiste Vieh um, obwohl sich der Stier nicht mehr sehen ließ.

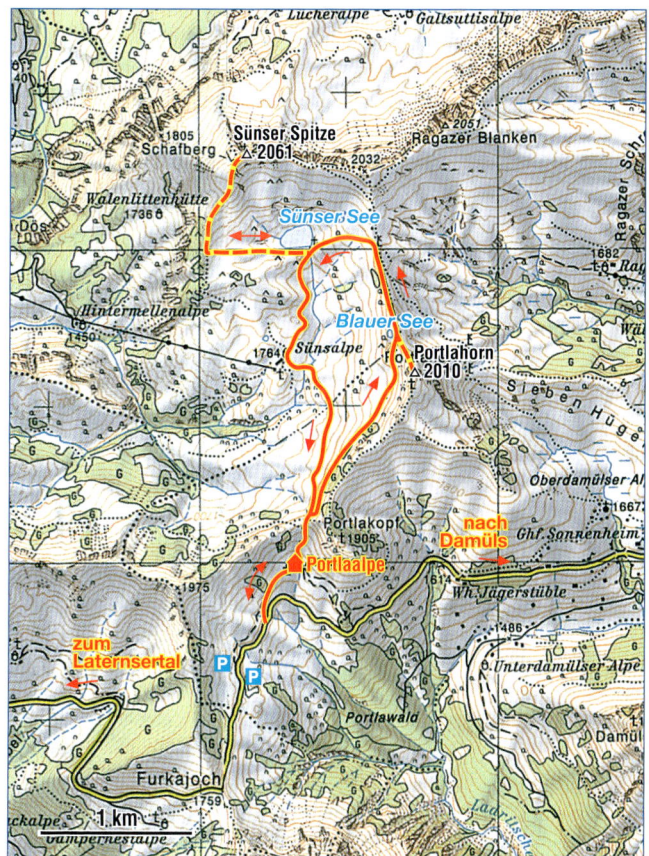

Für den Rückweg halten wir uns am See links und wandern auf dem Pfad in zwanzig Minuten zur Sünsalpe (1764 m). Links sehen wir den Seeabfluss mäandern, teilweise hat sich der Bach auch tief eingeschnitten. An der Alpe knickt der Weg nach links ab. Wir kommen hinab ins Bachbett, danach steigt es wieder an zum Portla-Fürkele. Nun steigen wir in zwanzig Minuten ab und gehen über die Portlaalpe, die sich zu einer Schlusseinkehr anbietet, zurück zum Parkplatz.

< *Der Sünser See ist von Alpwiesen mit Alpenrosen und Wollgras umgeben.*

Tour 22: Zur Ugaalpe
Bergerlebnis auch für die Kleinen

Bergstation	Elsenkopf	Bergstation	Hintere Ugaalpe	Talstation	
	½ Std. ↗ 120 Hm	½ Std. ↘ 120 Hm	¼ Std. ↘ 10 Hm	1¼ Std. ↘ 460 Hm	2½ Std. ↗ 170 Hm ↘ 590 Hm

Geeignet ab: etwa 8 Jahren
Charakter: leichte Bergtour. Der Weg zum und vom Elsenkopf verläuft auf einem Steig. Einen Teil des Abstiegs geht man auf steilen Graswegen, so dass die Wanderung bei Nässe nicht zu empfehlen ist.
Zeit: 1½ Std., mit Elsenkopf 2½ Std.
Höhenunterschied: ohne Elsenkopf etwa 470 Hm bergab, Zwischenanstiege etwa 50 Hm. Aufstieg zum Elsenkopf 120 Hm
Ausgangspunkt: Damüls, Bergstation der Damülser Seilbahn
Anfahrt: von Rankweil durch das Laternser Tal über das Furkajoch; ab Nüziders auf der B 193 durch das Große Walsertal. Oder auf der B 200 durch den Bregenzerwald und in Au nach Damüls abzweigen. Parkplatz an der Talstation.
Öffentliche Verkehrsmittel: mit der Linie 40 nach Au-Postamt, umsteigen auf die Linie 43 nach Damüls-Ugalift
Auskünfte: Damüls-Faschina Tourismus, Tel. 05510/6200
Einkehrmöglichkeiten: Bergstation, Uga, Damüls, Berggasthöfe Elsenalpstube und Ugaalpe

Alphütte bei der Ugaalpe

Will man auch schon kleinen Kindern die Schönheit der Bergwelt nahe bringen, so empfiehlt sich diese Tour durch die sanft gewellte Alplandschaft unterhalb der markanten Damülser Mittagsspitze. Man hat ständig eine herrliche Aussicht, spaziert durch eine Wiesenlandschaft, die im Frühsommer durch eine prächtige Blütenfülle bezaubert, und kann sogar noch ohne große Anstrengung einen Gipfel besteigen.

Wegverlauf

An der Bergstation halten wir uns rechts und steigen in einer halben Stunde auf zum Elsenkopf (1940 m) – so hat man auch bei dieser kurzen Tour einen Gipfel bestiegen. Dann wandert man zurück, vorbei an der Bergstation und der Elsenalpstube zur vorderen Ugaalpe und hier geradeaus durch. Wer auf den Gipfel verzichtet, hält sich bei der Bergstation links.

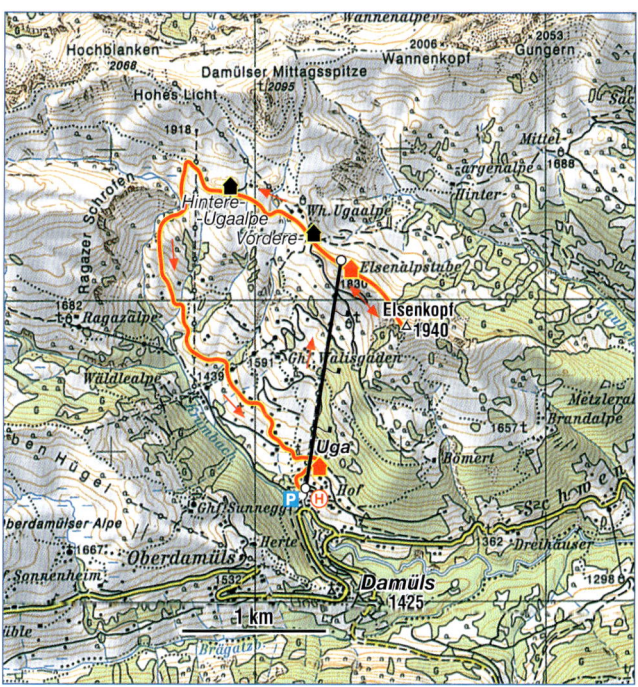

Rast bei der kleinen Feldkapelle oberhalb der Talstation

In einer Viertelstunde steigen wir nun ab zur Hinteren Ugaalpe und gehen geradeaus weiter („Damüls über Hasenbühel"). Vor uns sehen wir für die nächste Zeit unterhalb des Hochblanken und des Ragazer Blanken die Felswand der Ragazer Schrofen. An ihr kann man anhand der halbkreisförmigen Felsformationen und -schichtungen gut die Kraft der Elemente bei der Alpenfaltung erkennen.

Direkt bei einem Skilift biegen wir nach links ab und folgen den weißrotweißen Pflöcken. Beim querenden breiteren Weg halten wir uns links. Kurz vor der Sessellifttrasse biegen wir wieder nach rechts ab, gleich darauf sehen wir rechts einen Wasserfall, der über treppenförmig geschichtetes Gestein herabstürzt.

Den Pflöcken folgend kommen wir zu einer Skitrasse, auf der wir weiter abwärts steigen. Bei der Hütte folgen wir dem abwärts führenden Alpweg über Uga zurück zur Talstation.

Abwärts vom Diedamskopf zum Wasserfall
Alplandschaft und 100 Gipfel

Tour 23

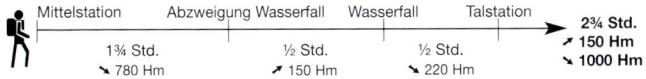

Geeignet ab: etwa 10 Jahren
Charakter: bis zur Mittelstation meist auf gut zu gehenden Pfaden, ansonsten auf Fahrwegen. Ab der Mittelstation kurzer, steiler Abstieg auf einem Steig, dann weiter auf einer Forststraße, zum Wasserfall auf einem Steig. Auf kleinere Kinder sollte man vor allem im Gipfelbereich und an den Steilabstürzen vor dem Kreuzle gut aufpassen. Bei feuchtem Wetter kann die erste Strecke teilweise rutschig sein.
Höhenunterschied: zum Gipfel 70 Hm bergauf, Abstecher zum Wasserfall 150 Hm bergauf, ansonsten bergab: ohne Abstecher etwa 1220 Hm von der Bergstation

Ausgangspunkt: Schoppernau, Bergstation der Diedamskopfbahn
Anfahrt: von Dornbirn auf der B 200 in den Bregenzerwald und über Egg und Andelsbuch nach Schoppernau, Parkplatz bei der Talstation
Öffentliche Verkehrsmittel: mit der Linie 40 nach Schoppernau-Diedamskopfbahn
Auskünfte: Tourismusbüro Schoppernau, Tel. 05515/2495
Einkehrmöglichkeiten: Bergstation, Breitenalpe, Mittlere Diedamsalpe, Talstation, Schoppernau
Sonstiges: Bei der Bergstation gibt es einen tollen Spielbereich für Kinder im Alter von drei bis acht Jahren.

Die Wanderung führt uns durch die weiten, grünen Alpmatten um den Diedamskopf. Vom Gipfel genießt man eine herrliche Aussicht zu den Allgäuer und Lechtaler Alpen, ins Rätikon, zu den Glarner Alpen und sogar bis zum Bodensee – über 100 Gipfel sollen von dort oben zu sehen sein. Bei schönem Wetter sieht man auch viele Gleitschirmflieger. Mit kleinen Kindern wandert man gemütlich bergab zur Mittelstation. Mit größeren kann man weitergehen bis zur Talstation und dabei noch einen imposanten Wasserfall aufsuchen.

Der Weg verläuft in sicherem Abstand zu den Steilabstürzen.

Wegverlauf

Von der Bergstation aus steigen wir in zehn Minuten auf zum Gipfel des Diedamskopfs. Dann gehen wir zurück zur Bergstation und folgen dem Weg in Richtung „Planetenrundweg". Wir wandern auf die beeindruckenden Steilabstürze an der Nordwand des Bergmassivs zu und gehen dort, wo nach zehn Minuten der Fahrweg nach rechts zieht, geradeaus auf einem Naturweg weiter. Wir kommen direkt an die Steilabstürze, hier sollte man auf kleinere Kinder aufpassen.

Zwanzig Minuten nach der Bergstation sind wir beim Kreuzle. Wir biegen nach rechts ab in Richtung „Breitenalpe", die wir in rund 20 Minuten auf einem Pfad erreichen. Von hier aus kann man einen Abstecher zur bewirtschafteten Neuhornbachalpe machen (1 Stunde hin und zurück).

Ansonsten wandern wir auf einem Pfad weiter durch die Weiden (Beschilderung „Mittelstation"). Zur Alpzeit grasen hier auch viele Kühe. Wir kommen an ein paar Bachläufen vorbei, die zum Spielen einladen, und sind rund eine Dreiviertelstunde nach der Alpe an der Mittelstation. Hier sollte man mit kleinen Kindern die Tour beenden.

Mit größeren Kindern, die noch Kondition haben, gehen wir weiter zur Talstation. Der Weg führt direkt an der Mittelstation fünf Minuten über eine Wiese steil bergab zu einem Fahrweg, auf dem wir nach rechts weiter bergab zur Mittleren Diedamsalpe wandern. Hier müssen wir uns entscheiden. Nach rechts zweigt der „Aussichtsweg" ins Tal ab. Wir nehmen jedoch den nach links abbiegenden Forstweg (beide Strecken 1¾ Stunden) und gelangen nach rund 1½ Stunden zu den ersten Häusern von Schoppernau. Hier zweigt der ausgeschilderte Weg nach rechts zum Wasserfall ab. Wir gehen hoch bis zur Schrannenbachbrücke, wo wir nach rechts verwiesen werden. Nach einem fünfminütigen Aufstieg wechselt der Weg auf die linke Seite des Baches. Nun geht es auf einem wurzeligen und steinigen Pfad noch rund eine Viertelstunde steil hoch zum Talschluss. Hier stürzen zwei Bäche zusammen in ein Bachbett mit riesigen Felsbrocken. Die Kinder werden die Gelegenheit gerne nützen, sich etwas im Bachbett umzusehen.

Anschließend gehen wir wieder hinab zur Brücke und folgen hier der Beschilderung zur Talstation.

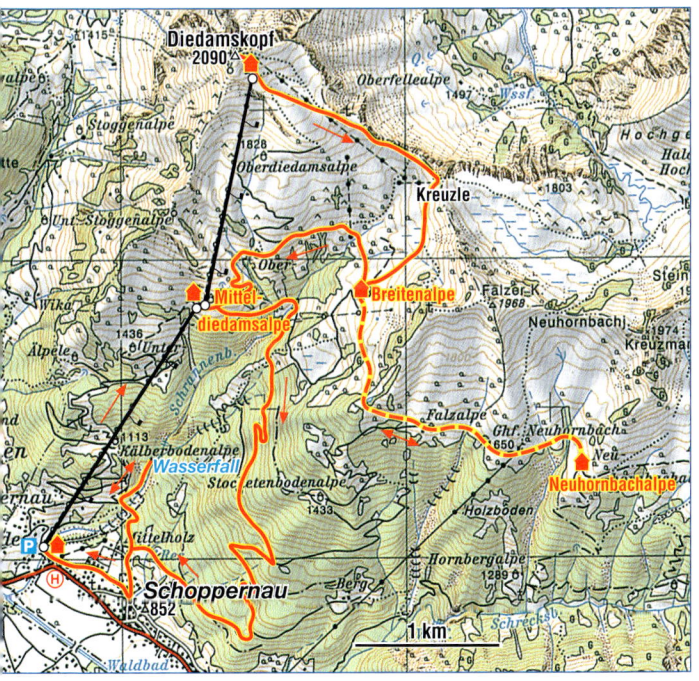

Tour 24: Kalbelesee und Körbersee
Ruderbootfahrt mit Bergidylle

Parkplatz Kalbelesee	Körbersee	Schröcken	2½ Std.
¾ Std.	¼ Std.	1½ Std.	↗ 230 Hm
↗ 230 Hm	↘ 250 Hm	↘ 400 Hm	↘ 650 Hm

Bregenzerwald

Geeignet ab: etwa 10 Jahren
Charakter: leichte Wanderung auf Kinderwagen-geeigneten Güterwegen
Zeit: 2½ Std.
Höhenunterschied: vom Kalbelesee zum Körbersee etwa 230 Hm bergauf und 250 Hm bergab. Abstieg nach Schröcken 400 Hm
Ausgangspunkt: Hochtannbergpass
Anfahrt: von Dornbirn auf der B 200 durch den Bregenzerwald zum Hochtannbergpass. Gebührenpflichtiger Parkplatz bei der Alpe Körb am Kalbelesee, eine kostenlose Parkmöglichkeit gibt es etwa 200 Meter weiter in Richtung Warth.
Öffentliche Verkehrsmittel: mit der Linie 40/40a zur Haltestelle Hochtannberg, retour von der Haltestelle Schröcken-Dorf
Auskünfte: Tourismusbüro Schröcken, Tel. 05519/26710
Einkehrmöglichkeiten: Hotel Körbersee, Schröcken, Auenfelder-Hütte
Sonstiges: Die jeweils aktuellen Öffnungszeiten des Alpmuseums in der alten Batzenalpe erfährt man beim Tourismusbüro Schröcken, Tel. 05519/2670.

Rast am Körbersee
(© Tourismusbüro Warth-Schröcken / Fotograf: Peter Mathis)

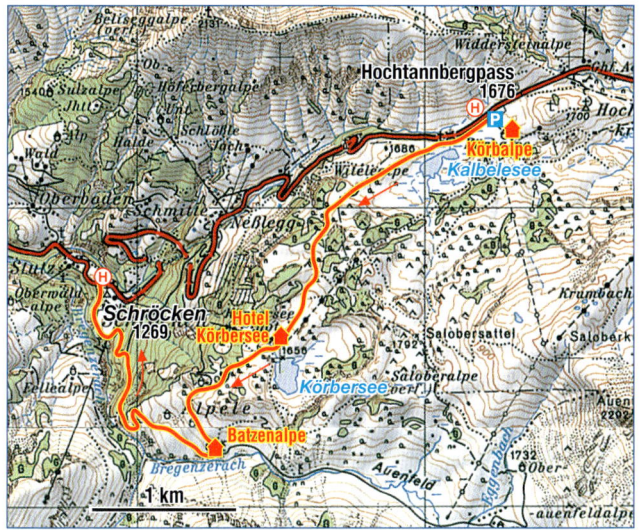

Der Kalbelesee und der Körbersee zählen zu den schönsten Bergseen in Vorarlberg. Während der seichte Kalbelesee direkt an der Straße am Hochtannbergpass liegt, ist der Körbersee in einer rund dreiviertelstündigen Wanderung für Jung und Alt bequem zu erreichen. Hier gibt es eine Einkehrmöglichkeit und man kann auf dem See Ruderboot fahren. Am See gibt es schöne Rastplätze für Picknicks.

Man kann entweder auf demselben Weg wieder zurückgehen oder in rund einer Stunde bergab nach Schröcken wandern, von wo man mit dem Bus wieder zurück zum Ausgangspunkt gelangen kann.

Wegverlauf

Der geschotterte Weg führt vom See nach links von der Straße weg. Mit leichtem Auf und Ab erreichen wir nach rund einer Dreiviertelstunde den Körbersee. Beeindruckend ist der Blick auf die Mohnonfluh und die Braunarlspitze. Zu einer Rast am See findet man auf seiner Südseite schöne Stellen, wenn man nicht im Hotel einkehren will.

Nun kann man entweder auf demselben Weg zurückgehen oder nach Schröcken wandern. Dazu halten wir uns am Hotel rechts („Schröcken 1 Std."). Wir spazieren in einer Viertelstunde weiter abwärts zur Batzenalpe, wo es ein Alpkäsereimuseum gibt. Dann geht es auf dem Güterweg in etwa vierzig Minuten nach rechts nach Schröcken. Ab hier kann man mit dem Bus wieder zurück zum Ausgangspunkt fahren.

Der Kalbelesee

Auf dem Tannberg lebte vor uralten Zeiten ein Bauer, der ein schönes Kalb besaß, das er nicht genug bewundern konnte. In seiner Vernarrtheit taufte er das Kalb sogar, als wäre es ein Familienmitglied. Dieser Frevel blieb jedoch nicht unbestraft: Sogleich öffnete sich der Boden und verschlang Bauer und Kalb. An jener Stelle entstand ein See, der heute noch der Kalbelesee heißt.

Während der Alpzeit sind Kühe stetige Begleiter auf dem Weg zum Körbersee.

Zur Ruine Blumenegg
Vorbei am Thüringer Wasserfall

Tour 25

Alpenregion Bludenz

| Thüringen | Montiolaweiher | Ruine Blumenegg | Thüringen | 2 Std. |
| ½ Std. ↗ 160 Hm | ½ Std. → | 1 Std. ↘ 160 Hm | | ↗ 160 Hm ↘ 160 Hm |

Geeignet ab: etwa 8 Jahren
Charakter: kurze Wanderung, die teilweise auf schmalen, steilen Pfaden und teilweise auf Sträßchen führt. Bei Nässe ist es auf den Pfaden rutschig.
Zeit: 2 Std.
Höhenunterschied: etwa 160 Hm
Ausgangspunkt: Thüringen, St.-Anna-Kirche
Anfahrt: A 14 bis Ausfahrt Bludenz-Nüziders oder Nenzing, dann weiter in Richtung Thüringen. In Thüringen finden wir Parkmöglichkeiten, wenn wir uns an der Durchgangsstraße bei Raiffeisenbank/Polizei entweder links in die St.-Anna-Straße in Richtung der St. Anna-Kirche oder nach rechts in Richtung Dorfplatz halten.
Öffentliche Verkehrsmittel: mit den Linien 73, 76, 77 oder 78 nach Thüringen-Gemeindeamt
Auskünfte: Gemeindeamt Thüringen, Tel. 05550/22110
Einkehrmöglichkeit: Thüringen
Sonstiges: Grillmöglichkeit bei den Montiolaweihern

Kindern liegt an herrlicher Aussicht oft nicht so viel. Viel interessanter für sie sind Wasser und Burgruinen. Beide Wünsche werden auf dieser kurzen Wanderung erfüllt: Wir erleben zuerst einen mächtigen Wasserfall und kommen kurz darauf an der Burgruine Blumenegg vorbei.

Wegverlauf

Wir gehen zunächst von den Parkmöglichkeiten in Richtung der St.-Anna-Kirche, vorbei an Raiffeisenbank/Polizei, in Richtung des Zentrums und der Kirche, dann auf der nach rechts führenden Straße in Richtung „Wasserfall 15 Min.". An der Sparkasse zieht die Straße nach rechts, hoch zur Pfarrkirche, wir spazieren aber geradeaus weiter. Wo die Straße nach rechts zum Sägawinkl führt, nehmen wir die weiter hoch führende Schmiedgasse. Sie bringt uns in kurzer Zeit zur Faschinastraße, wo wir in wenigen Minuten nach rechts zum Wasserfall gelangen.

Ruine Blumenegg

Die Ruine Blumenegg steht auf einem Hügel zwischen der Lutz und dem Falsterbach etwa einen Kilometer ostnordöstlich von Thüringen. Der Name Blumenegg kommt vielleicht von Florimont (Blumenberg). Die „Veste Blumeneck" wurde um 1260 von den Grafen von Montfort-Werdenberg erbaut und lag in der Mitte des Herrschaftsbereiches der Montforter. 1265 wurde die Herrschaft Blumenegg erstmals in einer Urkunde erwähnt. Darin steht, dass den Brüdern von Werdenberg und von Blumenegg das Gebiet der Herrschaft Blumenegg übertragen wird.

1391 wurde sie an die Freiherrn von Brandis verpfändet, 1416 ging sie in deren Eigentum über. 1405 wurde sie vom „Bund ob dem See" erobert, 1510 ging sie in das Eigentum der schwäbischen Grafen von Sulz über und kam 1614 an das Reichsstift Weingarten. Heute ist die Ruine in Privatbesitz.

Einst umfasste die Burg bergseitig einen quadratischen Bergfried, einen viergeschossigen, talseitig vorgeschobenen Palas, eine Schlosskapelle sowie einen mehrräumigen Wirtschaftstrakt. Umgeben war das Areal von einer polygonalen Ringmauer.

Der Zugang erfolgt auf einem rechtsdrehenden Weg auf der linken Seite der Anlage. Dies hat den Grund, dass die Angreifer beim Hinaufstürmen ihre rechte Seite, auf der sie das Schwert (und nicht den sichernden Schild) trugen, den Verteidigern ungeschützt zuwenden mussten. Man kommt zuerst zu einem großen, von Resten der Nordost- und Südost-Mauer umgebenen Platz. Die Mauern sind aus Bruchsteinen sauber gemauert. An einer Seite sieht man noch eine schlitzförmige Schießscharte, die innen zu einer Rundbogennische erweitert ist. Auf Bodenniveau befindet sich eine weitere Schießscharte. Etwas weiter westlich ist der Rest eines Turmes oder Hauses, evtl. der Bergfried, mit hohen Mauerteilen zu sehen.

Nun geht es links des Wasserfalls hoch (Schild „Wanderwege"). Ein Zickzackweg bringt uns in rund zehn Minuten hinauf zu den duftenden Blumenwiesen bei den Montiolaweihern. Hier biegen wir mit dem Schild „Ruine Blumenegg" nach rechts ab. Wir lassen den Weiher links liegen und kommen schließlich zu einem Quadernweg, dem wir mit dem Schild „Ruine Blumenegg ¼ Std." nach rechts folgen. Nach knapp 10 Minuten treffen wir auf die ins Große Walsertal führende

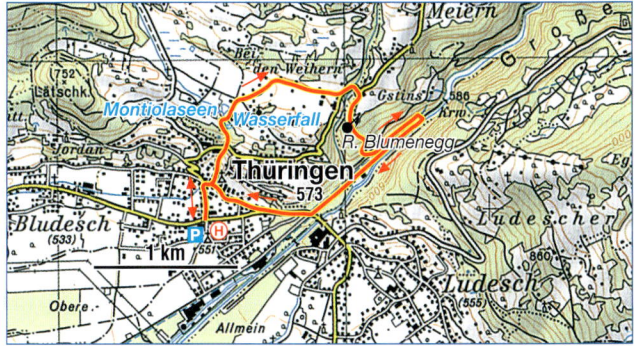

Straße und biegen hier nach links ab. Gleich darauf überqueren wir das Schlosstobel, danach werden wir nach rechts verwiesen. Ab jetzt geht es nur noch abwärts.

Nach kurzer Zeit sehen wir rechts des Weges den Hügel mit der Ruine und gehen zu ihr hoch.

Nach der Besichtigung steigen wir auf dem schmalen Pfad, der links des Burghügels steil bergab führt, in rund fünf Minuten hinunter zu einem querenden Schotterweg (Gstinsweg), der uns hinab ins Tal der Lutz zu dem großen, quaderförmigen Gebäude der Hanger Wucher Helikopter bringt. Hier kann man auch ins Bachbett mit den großen Steinen gelangen, was Kindern sicherlich Spaß machen wird.

Wir spazieren anschließend auf dem Sträßchen nach rechts hinaus zu der von Ludesch nach Thüringen führenden Walgaustraße. In zehn Minuten sind wir auf dem neben der Straße verlaufenden Fußweg zurück zum Ausgangspunkt marschiert.

Die Ruine Blumenegg liegt versteckt mitten im Wald.

Tour 26: Wasserziele um Thüringen
Ein Wasserfall und vier Seen

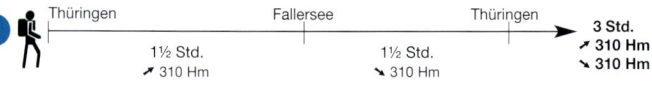

Geeignet ab: etwa 12 Jahren
Charakter: Gemütliche Wanderung, die in der ersten Hälfte über Forstwege und Pfade führt, der Rückweg verläuft auf asphaltierter Straße (L75).
Gehzeit: Etwa 2½ Std.
Höhenunterschied: Etwa 310 Hm
Ausgangspunkt: Thüringen

Anfahrt: A 14 bis Ausfahrt Bludenz-Nüziders, dann auf der B 193 oder Ausfahrt Nenzing durch Bludesch nach Thüringen
Auskünfte: Gemeinde Thüringen, Tel. 05550 2211
Sonstiges: Grillmöglichkeit bei den Montiolaweihern

Der rund dreißig Meter hohe Kaskadenwasserfall, an dem wir bei diesem Ausflug vorbeikommen, ist seit 1955 als Naturdenkmal ausgewiesen. Der Wasserfall kommt durch den Aufstau des Wassers in den oberhalb liegenden künstlichen Weihern, den Montiolaweihern, zustande. Er war bestimmend für die Ansiedlung von Industrie, denn seine Kraft wurde früher zu Antriebszwecken in der unterhalb liegenden Fabrik benutzt. Neben dem Wasserfall befindet sich noch die mit mächtigen Nieten versehene Druckrohrleitung der 1837 vom schottischen Adeligen John Douglas gegründeten Baumwollspinnerei und Weberei, die erst 1966 ihre Produktion einstellte.

Wegverlauf

Wir spazieren rechts an der Pfarrkirche entlang. Nach fünf Minuten halten wir uns an dem modernen Haus mit der Glasfront (Kirchgasse 15) links und stehen gleich danach vor dem mächtigen Wasserfall. Hier nehmen wir den Pfad, der links an ihm vorbei im Zickzack steil nach oben führt (Wanderweg-Zeichen).

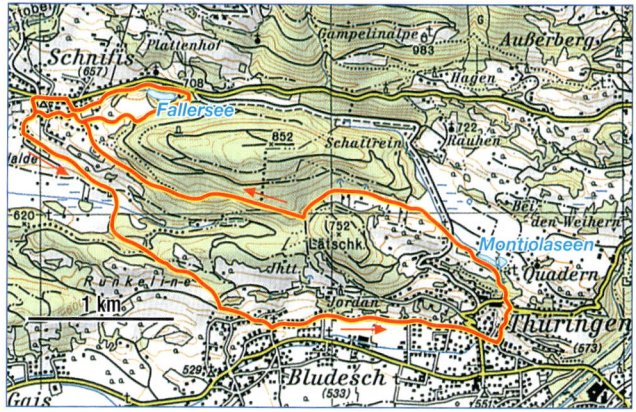

Nach etwa zwanzig Minuten steilen Anstiegs sind wir oben; wir verlassen den Wald und stehen in den Wiesen vor zwei der Montiolaweiher. Ab nun haben wir auch immer wieder eine prächtige Aussicht ins Tal und auf die umliegende Bergwelt. Wir biegen nach links in Richtung Schnifs ab und kommen zu einem kleinen Parkplatz. Davor befinden sich ein Tisch, Bän-

Der Wasserfall stürzt in Kaskaden über eine breite Felswand.

ke und eine Grillstelle. Nach dem See biegen wir an den Häusern nach links ab und kommen zu einem Feldkreuz.

Hier queren wir die Landstraße und wandern auf der Straße, bis sie schließlich in einen Forstweg übergeht. Wir spazieren, uns immer geradeaus haltend, in den Wald hinein. Der erst ebene Weg fällt auf eine Länge von etwa hundert Meter und trifft dann auf einen Querweg, an dem wir uns rechtshaltend nach Schnifis orientieren. Er geht für rund fünf Minuten in einen schmalen Pfad über, dann wird er wieder breiter.

Nach dem Wald spazieren wir durch Baumwiesen mit Obstbäumen, hier haben wir einen schönen Blick in das Tal, in dem auch unser Rückweg verlaufen wird. Nach den ersten Häusern von Schnifis haben wir zwei Möglichkeiten: Entweder wir gehen nach links weiter ins Zentrum des Ortes oder wir spazieren in rund einer Viertelstunde zum Fallersee. Hier-

Die Montiolaweiher erwecken einen fast märchenhaften Eindruck.

Der Fallersee ist das dritte „Wasserziel" dieser Tour.

zu biegen wir nach rechts ab. Am Waldrand halten wir uns links und marschieren in rund fünf Minuten bis zu einem Abzweig, wo wir nach links steil hinab zum See gehen. Nach dem See zieht der Weg hinauf zur Straße, die uns nach links nach Schnifis bringt.

Nach der Kirche nehmen wir an der Bushaltestelle den nach links abzweigenden Weg, gleich danach halten wir uns noch einmal links in Richtung Bludesch. An der Verzweigung bei den letzten Häusern orientieren wir uns rechts. Der Weg zieht gleich danach vor der lang gestreckten Scheune nach links und bringt uns hinab zu einem Querweg im Tal. Wir wandern nach links zur Straße und biegen nach rechts in sie ein. In einem stetigen Auf und Ab kommen wir nach Bludesch.

Im Tal erreichen wir die Nikolauskapelle, eine der ältesten Kirchen Vorarlbergs. Hier biegen wir nach links ab und gelangen in einer halben Stunde zurück nach Thüringen.

Tour 27: In die Bürser Schlucht
Spielmöglichkeiten im Bachbett

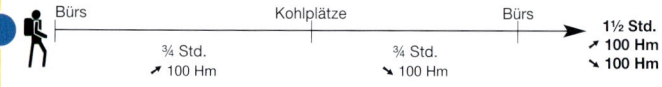

Geeignet ab: etwa 8 Jahren
Charakter: Man wandert man auf schmalem, aber gepflegtem Steig.
Zeit: 1½ Std.
Höhenunterschied: etwa 100 Hm
Ausgangspunkt: Bürs, Gemeindeamt
Anfahrt: A 14 bis Ausfahrt Bludenz-Bürs. Wir fahren ins Zentrum und halten uns vor dem Alvierbach links. Vorbei am Gemeindeamt kommt man zum ehemaligen Elektrizitätswerk, wo es Parkplätze gibt.
Öffentliche Verkehrsmittel: mit der Linie 81 nach Bürs-Gasthaus Adler
Auskünfte: Tourismusbüro Bürs, Tel. 05552/62617
Einkehrmöglichkeit: Bürs

Zu den grandiosesten Schluchten Vorarlbergs gehört die 200 m tiefe Bürser Schlucht, durch die der Alvierbach tost. Man kann, vor allem am Anfang, immer wieder hinab ins Bachbett gehen. Hier können die Kinder zwischen den großen Steinen und mächtigen Felsbrocken oder im Sand spielen. Diese kurze Wanderung ist ideal, wenn man einen schönen Tag am Wasser verbringen will. Größere Kinder kann man mit der Aussicht auf eine „Wanderung durch die Erdgeschichte" locken, denn wir kommen an einigen Tafeln des Lehrweges vorbei, auf denen Interessantes zur Geologie zu lesen ist. Vor allem die Tuffbildung an den kleinen Quellen unterwegs oder die mächtigen Nagelfluhfelsbrocken – das Bürser Konglomerat – sind interessant. Konglomeratgestein (oder Nagelfluh) sieht aus wie Beton mit eingegossenem Geröll (siehe auch S. 59).

Wegverlauf

Gleich hinter dem Elektrizitätswerk beginnt die Schlucht. Sie empfängt uns mit einer kurzen Strecke, auf der riesige Felsbrocken aus Konglomeratgestein den Weg versperren – man muss zwischen ihnen hindurchschlüpfen. Das Felslabyrinth links und rechts des Weges verlockt zum Spielen, Entdecken

Spielen am Bach zählt zu den schönsten Freizeit- und Ferienerlebnissen.

und Verstecken. Nach etwa zehn Minuten kommt man zu einer Stelle, an der kleine Zuläufe Quelltuff (zur Entstehung von Quelltuff siehe S. 53) bilden und sich somit selbst eine Rinne aufbauen. Man kann immer wieder direkt ans Bachbett gelangen, was den Kindern besonders gefallen wird. Nach weiteren zehn Minuten überqueren wir zwei Brücken, die erst nach links, dann nach rechts über den Bach führen. Hier sehen wir auch den wildesten Teil der Schlucht, in dem riesige

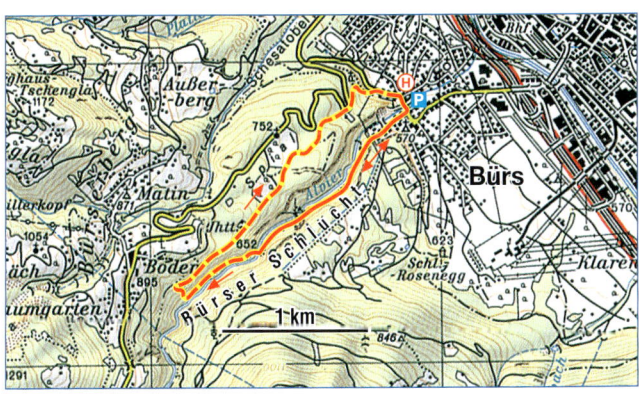

Der eindrucksvollste Platz der Schlucht ist bei den Brücken.

Felsblöcke im Bachbett liegen. Auch vor den Brücken kann man hinunter zum Bach gelangen und sogar bis unter die erste Brücke gehen.
Danach steigt der Weg etwas steiler an. Nach etwa fünf Minuten sind wir am Kohlplätzle, unserer „Endstation". Zurück gehen wir denselben Weg.
Mit größeren Kindern kann man die Tour noch zu einer Rundwanderung ausdehnen, die etwa eine Stunde zusätzlich beansprucht. Hierzu geht man vom Kohlplätzle weiter in Richtung „Spial", einer Lichtung mit Lärchen und Eichen. An der Kreuzung an ihrem Ende behalten wir unsere Richtung bei und kommen nach rund zwei Minuten zu einem Querweg. Hier halten wir uns rechts, spazieren an einer weiteren Lichtung vorbei und orientieren uns nach fünf Minuten an einer Verzweigung links. Nun geht es auf einem schmalen Pfad hinab ins Kuhloch, das durch mächtige Felsformationen beeindruckt. Danach wandern wir in rund fünf Minuten auf breitem Weg hinab zur Straße und zum Platzgufel. Wir gehen ein paar Meter entlang der Straße, dann nehmen wir den nach rechts abzweigenden Pfad, der uns in zehn Minuten im Zickzack steil bergab zur Zufahrtsstraße nach Bürs bringt.

Der Kesselfall im Brandnertal

Gemütliche Tour zum rauschenden Wasserfall

Tour 28

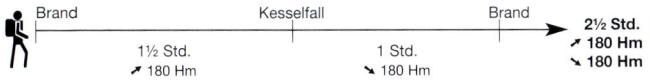

Alpenregion Bludenz

Geeignet ab: etwa 8 Jahren
Charakter: Man wandert auf asphaltierten und geschotterten Wegen und Sträßchen. Die Kürze und das Alvier-Bad machen die Tour für Kinder interessant.
Zeit: 2½ Std.
Höhenunterschied: etwa 180 Hm
Ausgangspunkt: Brand, Parkplatz bei der Talstation der Niggenkopfbahn

Anfahrt: auf der A 14 oder B 190 bis Ausfahrt Bludenz-Nüziders, weiter in Richtung Bludenz, dann der Beschilderung ins Brandnertal folgen.
Öffentliche Verkehrsmittel: mit der Linie 81 nach Brand-Niggenkopfbahn
Auskünfte: Tourismusbüro Brand Tel. 05559/5550
Einkehrmöglichkeit: Brand

Wer zum Wandern ins Brandnertal fährt, hat wohl meist den Lünersee zum Ziel. Unsere gemütliche Wanderung führt jedoch zum mächtigen Kesselfall, der seit 1945 geschützt ist. Höhepunkt dieses Ausflugs wird für Kinder aber vermutlich das Alvier-Bad sein. Der kleine See in der Anlage wird nur mit Trinkwasser gespeist und ein Regenerationsbereich mit zahlreichen Wasserpflanzen reinigt und filtert das Wasser biologisch. Besonders interessant ist natürlich der Kindererlebnisbereich. Er umfasst mehrere hundert Quadratmeter und wird durch eine Wasserrinne mit Quellwasser gespeist, mehrere große Kinderbecken sind durch kleine Wasserläufe miteinander verbunden und enden in einer kurzen „Raftingstrecke". Im Frühsommer schwimmen Kaulquappen im Wasser. Es gibt auch einen Abenteuerspielplatz und einen Beachvolleyballplatz.

Wegverlauf

Vom Parkplatz spaziert man in fünf Minuten zum Gemeindezentrum und biegt hier nach links in Richtung „Kneippanlage" ab. Man kann auch am südlichen Ortsausgang auf verschie-

Ein Mühlrad und spritzendes Wasser sind immer interessant.

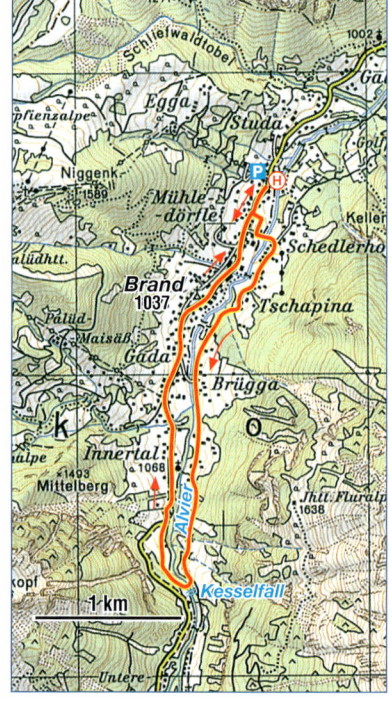

denen Parkplätzen parken, dann geht man zurück zum Gemeindezentrum und hält sich hier rechts. Auf einem Schotterweg und vorbei an einer alten Mühle kommen wir hinab zur Kneippanlage, die sich vor dem Gelände des Alvier-Bades befindet. Wir biegen nach der Kneippanlage nach rechts ab und gehen an der parkartigen Anlage vorbei. Gleich nach dem Alvier-Bad und vor der Reitanlage biegen wir erst nach links, nach dem Bach nach rechts in den Brüggaweg ab. Bis zum Wasserfall queren nun von links immer wieder Zuflüsse den Weg, deren Bachbett mit ihren großen Steinen Kinder zum Spielen lockt. Nach etwa zehn Minuten geht der asphaltierte Weg in einen Schotterweg über, wechselt aber fünf Minuten später wieder in ein Asphaltsträßchen. Rund fünf Minuten danach halten wir uns bei einer Verzweigung links auf einen geschotterten Weg, der uns durch ein kleines Waldstück führt. Hier sehen wir auch mächtige Felsbrocken, die vor langen Jahren vom Berg herabgestürzt sind. Nun steigt der Weg etwas steiler an.

Rund zehn Minuten später werden wir nach einer Scheune nach rechts auf einen schmalen Pfad verwiesen und kommen gleich darauf zu der Brücke, die vor dem Wasserfall über den Bach führt. Nach ihr geht es erst auf einem schmalen Pfad, dann auf einem breiten Weg hinab zur Straße, auf der wir in rund einer halben Stunde zurück zum Ausgangspunkt wandern.

Alvierbach und Kesselfall

Der Alvierbach hat sich seit der letzten Eiszeit im Laufe von 10.000 Jahren etwa dreißig Meter tief in das Gestein aus Hauptdolomit eingeschliffen. Dieser Dolomit entstand als Ablagerung des ehemaligen Meeres und lag 100 Millionen Jahre verborgen unter der Erdkruste. Das Deckgestein wurde dann in der Eiszeit von den Gletschern abgeschliffen. Die Klamm ist nur wenige Meter breit und weist zwei Wasserfälle und große Strudeltöpfe auf. Der Kesselfall stürzt in mehreren Sektionen zwischen mächtigen Felsbrocken herab. Unterhalb der Brücke fließt er etwas gemäßigter durch verschiedene Kolke weiter.

Kolke, auch Strudeltöpfe genannt, sind kesselförmige Höhlungen im Fels, die durch das Drehen des Wassers und das Schleifen der mitgeführten Sande ausgeschliffen wurden.

Tour 29

Walderlebnispfad Marul
Bach und Wasserfall

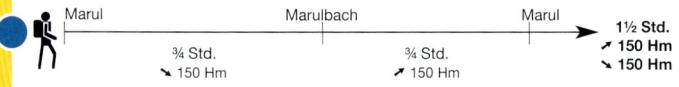

Marul	Marulbach	Marul	1½ Std.
	¾ Std. ↘ 150 Hm	¾ Std. ↗ 150 Hm	↗ 150 Hm ↘ 150 Hm

Geeignet ab: etwa 8 Jahren
Charakter: gemütlicher Spaziergang auf einem Güterweg und Wanderweg entlang des Marulbaches.
Zeit: kurze 1½ Std. bis ½ Std
Höhenunterschied: kurze Variante: etwa 220 Hm. Erweiterung: etwa 450 Hm.
Ausgangspunkt: Marul Wanderparkplatz
Anfahrt: auf der L 81 ins Große Walsertal und nach der großen Brücke hinter Raggal nach rechts abbiegen
Öffentliche Verkehrsmittel: mit dem Landbus Linie 78 bis Haltestelle Marul Kirche/Wanderparkplatz
Auskünfte: Biosphärenpark Großes Walsertal, Tel. 05550/20360
Einkehrmöglichkeit: Gasthaus Walserklause, Marul

Wenn man Kindern an einem heißen Sommertag einen ausgefüllten Tag bieten will, von dem sie noch lange schwärmen, dann sollte man diese Tour unternehmen. Sie ist zwar als Wanderung recht kurz, dafür ist das Ziel umso kindergerechter: Man kommt zu einem Wildbach mit vielen Spielmöglichkeiten, zum Baden findet man ein aufgestautes Seelein, es gibt Spielgeräte und ein Wasserfall ist auch in der Nähe. Außerdem gibt es Bänke, Tische und eine Grillmöglichkeit. Auch der herrliche Walderlebnispfad wird Kindern gefallen.

Wegverlauf

Vom Parkplatz aus folgen wir der taleinwärts führenden und gemächlich ansteigenden Straße ungefähr eine Viertelstunde, bis nach rechts ein Schotterweg abzweigt. Auf ihm gehen wir in Richtung „Unter Hof" bergab. Nach etwa zehn Minuten knickt der Weg nach rechts ab und bringt uns hinab ins Bachbett des Marulbaches.

Wir überqueren ihn, halten uns dahinter rechts und stehen gleich vor der kleinen Freizeitanlage mit dem Seelein, dem Bachbett und dem links davon befindlichen Wasserfall. Hier lässt sich ein heißer Sommertag aushalten, denn auch wer Schatten sucht, findet ihn unter den Bäumen. Vorbei am Wasserfall kommt man zum Grillplatz mit Schwebebalken, Hängematten und einem kleinen See. Hier können Kinder und Erwachsene stundenlang verweilen. Über zahlreiche Infotafeln erfährt man Wissenswertes zum Thema Jagd, Wild und Flora. Der kleine See mit dem Grillplatz ist bei einer kurzen Variante die letzte Station. Von hier aus geht es wieder zurück nach Marul.

Man kann den Weg aber noch erweitern. Dabei kommt man an Stationen zu Natur, Geologie und Wissenswertem über das Tal vorbei, zusätzlich findet man schöne Aussichtspunkte und eine atemberaubende Brücke über die Schlucht!

Um zum Ausgangspunkt zurückzukommen, folgen wir dem Bach weiter. Nach ungefähr fünf Minuten überqueren wir ihn nach rechts, weitere fünf Minuten später nehmen wir den Güterweg, der parallel zur Schlucht hinaufzieht. Anfangs im Wald, dann durch Wiesen, marschieren wir in insgesamt gut einer halben Stunde zurück zum Parkplatz. Für Kinder, die noch nicht genügend gespielt haben, gibt es auf der anderen Straßenseite einen kleinen Spielplatz mit Geräten.

Tour 30
Bad Rotenbrunnen und Kessanaschlucht
Ein ehemaliges Kurbad und wilde Bäche

Buchboden — Kessannaschlucht — Bad Rotenbrunnen — Buchboden
¾ Std. ↘ 100 Hm | ¼ Std. ↗ 50 Hm | ¼ Std. ↘ 50 Hm | ¾ Std. ↗ 100 Hm
2 Std. ↗ 150 Hm ↘ 150 Hm

Geeignet ab: etwa 8 Jahren
Charakter: Gemütliche Tour auf festen Wirtschaftswegen und einem Wanderweg. Im Bereich der Kessanschlucht muss man an den Steilabbrüchen gut auf Kinder aufpassen.
Zeit: 2–3 Std.
Höhenunterschied: etwa 150 Hm
Ausgangspunkt: Buchboden bei der Kirche oder, wenn Wanderung abgekürzt werden soll, dann Fahrt bis nach der Bäribrücke.
Anfahrt: A 14 bis Ausfahrt Bludenz-Nüziders oder Nenzing, dann weiter in Richtung Thüringen, in Ludesch abbiegen auf die B 193 in Richtung Bregenzerwald. Nach Sonntag nach rechts abbiegen nach Buchboden.
Öffentliche Verkehrsmittel: mit den Linien 78 und 77 nach Sonntag-Seilbahn Stein, dann umsteigen zur Linie 77a nach Buchboden
Auskünfte: Biosphärenpark Großes Walsertal, Tel. 05550/20360
Einkehrmöglichkeiten: Buchboden, Bad Rotenbrunnen (geöffnet: Mai bis Oktober)
Sonstiges: Freie Fahrt ins Tal gibt es bis zur Bäribrücke und zur Matonaparkplatz. Ab dem Matonaparkplatz führt ein sehr guter, auch kinderwagentauglicher Weg entlang des Matonabaches bis zum Gasthof Bad Rothenbrunnen.

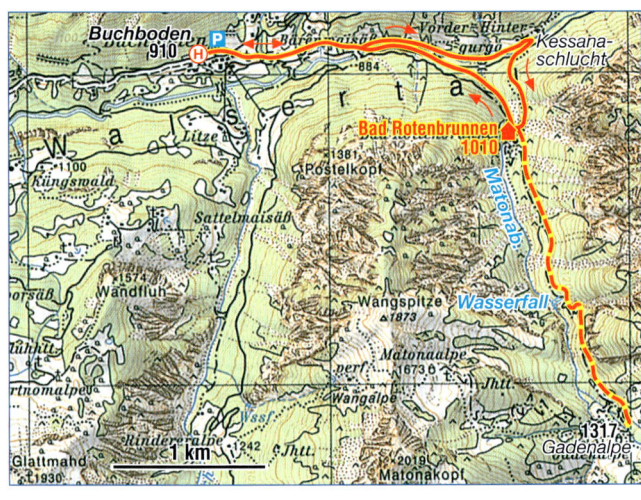

Wild rauscht das Wasser der Lutz um die riesigen Felsklötze.

Eine schöne Wasser-Tour für Kinder: In der Schlucht kann man an einigen Stellen direkt am Bachbett spielen und es gibt einen Wasserfall.
Bei der stufenartig fallenden Kessanaschlucht hat die Lutz seit der Eiszeit vor 10.000 Jahren ein rund 250 Meter langes Tal geschaffen. Dabei hat sie sich in den Kalkfels eingegraben, um einen mächtigen, quer durch das Tal laufenden Felsriegel zu überwinden. Sie bildet dabei verschiedene Wasserfälle, an deren Fuß sich große, runde Strudeltöpfe befinden, die durch das drehende Wasser und die schleifende Wirkung mitgeführter Steine kreisrund ausgeschliffen wurden. Der Name der Schlucht kommt von diesen „Kesseln". Seit 1992 ist die Schlucht als Naturdenkmal ausgewiesen.

Wegverlauf

Wir spazieren auf einem Güterweg in Richtung „Bad Rothenbrunnen". Ab der Bäribrücke führt der Weg entlang der Lutz und weiter in Richtung Alpe Metzgertobel bis zum Parkplatz Rothenbrunnen am Matonabach. Hier gibt es wunderbare Möglichkeiten am Bach zu spielen, Staudämme zu bauen und zu verweilen. 10 Minuten weiter taleinwärts befinden sich

Zum Matonawasserfall geht es auf schmalem Steig.

die denkmalgeschützten *Kessana*. Dort hat der Talbach mit dem Durchschneiden einer Felsschwelle eine kleine Schlucht geschaffen. Wenn wir bei dieser in die Tiefe blicken, fallen besonders die vom Wasser aus dem Fels geschliffenen Strudeltöpfe auf, die im Volksmund Kessi (Kessel) genannt werden.
Im Schluchtbereich biegt rechts ein Fußpfad ab, der durch Bergwald und urige Wildbachtobel nach Bad Rothenbrunnen führt. Nach ca. 35 Minuten ist man beim ehemaligen Kurhaus Gasthof Bad Rothenbrunnen angekommen. Rechts am Gebäude vorbei fließt der Matonabach, ein Stückchen weiter hinten findet man den Ursprung der Eisenquelle mit vielen Möglichkeiten zu spielen, wie Steinmännlein bauen usw.
Für den Rückweg gibt es zwei Möglichkeiten: Entweder dem Güterweg zur Bäribrücke oder dem bequemen Spazierweg zum Parkplatz Rothenbrunnen und dann wieder entlang der Lutz zur Bäribrücke oder nach Buchboden.

Bad Rotenbrunnen und Matonabach

Einst trieb ein Hirte seine Herde in die Gegend, wo heute die Quelle gefasst wird. Verärgert wegen der Unfruchtbarkeit und Kargheit der Landschaft zürnte er mit Gott. Da zog unter rollendem Donner und hell leuchtenden Blitzen ein Unwetter heran. Als der Hirte vor dem strömenden Regen einen Unterschlupf suchen wollte, stürzte er auf dem nassen Boden und verletzte sich so schwer am Fuß, dass er nicht mehr weiter kam und hilflos dalag. Da wurde es inmitten der dunklen Gewitterwolken hell und die Muttergottes trat zwischen den Tannen hervor. Sie neigte sich zum Hirten nieder und sprach: „Beklag dich nie mehr über die göttlichen Werke. Bade dein verletztes Glied dort in der Quelle, die silberfarben aus rotem Gesteine hervorsprudelt." Darauf war sie verschwunden. Der Hirte kroch gläubig zur Quelle hin, badete den verletzten Fuß und fühlte sogleich die wohltätige Kraft dieses Heilwassers. Er erzählte allen von seinem Erlebnis mit der heilsamen Quelle und es kamen andere Kranke, die Heilung durch das rötliche Wasser suchten. Man baute ein Badhaus und nannte die Quelle den „roten Brunnen". Der Wildbach hieß seither „Madonnenbach".

Tour 31

Der Lünersee
Früher Natursee, heute Stausee

Bergstation	Bergnase	Lünerkrinne	Bergnase	Bergstation
½ Std.	¾ Std.	½ Std.	1½ Std.	3¼ Std.
↗ 90 Hm	↗ 90 Hm	↘ 90 Hm	↘ 90 Hm	↗ 180 Hm / ↘ 180 Hm

Geeignet ab: etwa 6 Jahren, zur Totalphütte ab 8 Jahren
Charakter: Um den See führt auf der Westseite bis zum Materiallift zur Totalphütte ein Fahrweg, der Rest der Seeumrundung verläuft auf einem gut zu gehenden Pfad. Zur Totalphütte sollte man trittsicher sein. Um den See und zur Lünerkrinne kann man auch gut mit Kindern gehen.
Gehzeit: Um den See etwa 2 Std., mit Einbeziehung der Lünerkrinne etwa 2½ Std., zur Totalphütte hin und zurück zusätzlich etwa 2 Std.

Höhenunterschied: Um den See etwa 100 Hm, zur Lünerkrinne etwa 100 Hm und zur Totalphütte etwa 350 Hm zusätzlich
Ausgangspunkt: Brand, Bergstation der Lünerseebahn
Anfahrt: A 14 oder B 190 bis Ausfahrt Bludenz-Nüziders, nun erst in Richtung Bludenz, dann der Beschilderung ins Brandnertal folgen und weiterfahren bis zur Talstation der Seilbahn.
Auskünfte: Tourismusbüro Brand, Tel. 05559/5550
Einkehrmöglichkeiten: Douglashütte, Totalphütte, Lünersee Alpe

Mit einer Fläche von 104 Hektar und einer Tiefe von 105 Meter war der blaugrüne Lünersee bis 1958 der größte natürliche Bergsee der Ostalpen. Das damals gebaute Lünerseewerk war zur Zeit seiner Inbetriebnahme das leistungsstärkste Hochdruck-Pumpspeicherwerk der Welt. An Energie können 262,16 Mio kWh gespeichert werden. Die Staumauer besitzt ein Volumen von 41.000 m³ Betoninhalt. An ihrer höchsten Höhe ist sie 28 Meter hoch, die Kronenlänge beträgt 380 Meter.

Wegverlauf
Der Seerundweg ist die einfachste Möglichkeit, den See und die hochalpine Umgebung zu genießen. Am Ostende der Betonsperre liegt eine Aussichtsterrasse, von der aus man bereits einen prächtigen Blick auf die Bergwelt hat: Hinter dem Damm und der Hütte liegt der mächtige Seekopf (2698 m). Südlich

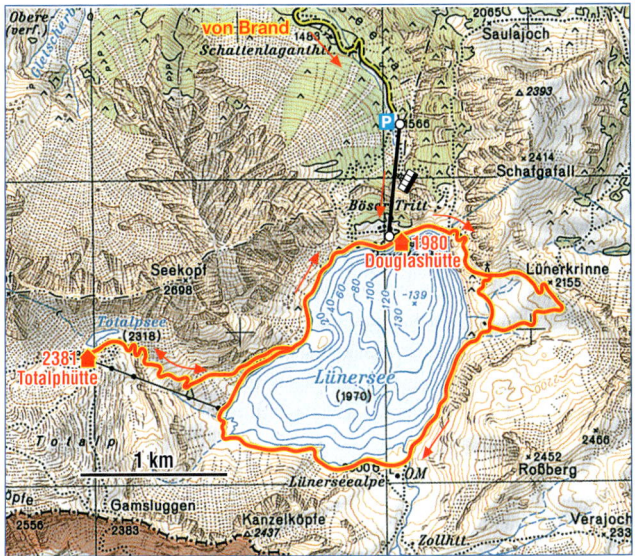

über dem See erheben sich die Kanzelköpfe, über deren zerrissenen Grat die Grenze zur Schweiz verläuft. Die 2965 Meter hohe Schesaplana, den höchsten Gipfel des Rätikons, sieht man von hier aus allerdings noch nicht, sondern erst vom Südufer des Sees aus. Nach der Terrasse steigt der Weg an auf eine Bergnase (etwa 2070 m), den höchsten Punkt der Seeumrundung. Anschließend wandern wir über ein buckeliges und grasiges Gelände hinab zur Lünerseealpe. Ab dem Materiallift zur Totalphütte spazieren wir dann auf einem Fahrweg.

Tipp

An die Zeit der Vergletscherung erinnert ein Felsklotz aus Hauptdolomit vor der Bergstation, an dem man einen Gletscherschliff sehen kann. Hier haben vor rund 10.000 Jahren die vom rund 200 Meter mächtigen Gletscher mitgeschleiften Steine ihre Kratzspuren in Fließrichtung hinterlassen. Am Boden des Sees fand man beim ersten Ablassen des Wassers Geweihe und Knochen von vorgeschichtlichen Rothirschen und Elchen sowie Holzreste.

Über dem See erhebt sich der Seekopf.

Wem der Seerundweg nicht reicht, für den gibt es zwei Erweiterungsmöglichkeiten. Auf der Ostseite zweigt nach der Bergnase der Weg zur Lünerkrinne (2155 m) ab. Er steigt am Ende etwas steiler an und nach rund 50 Minuten erreicht man die Lünerkrinne. Wir befinden uns hier nicht nur in einer grandiosen Gebirgsumgebung, die Gegend ist auch für ihre alpine Flora berühmt. Dann folgen wir wieder den Wegweisern zum See. Am Uferweg halten wir uns links und marschieren über die Lünerseealpe weiter am Ufer entlang und zurück zur Douglashütte.

Noch mehr ins Gebirge kommt man, wenn man die Wanderung auf der Westseite beginnt. Nach rund zwanzig Minuten, kurz vor der Südwest-Ecke des Sees, folgen wir hierbei der Beschilderung zur Totalphütte (2385 m), zu der ein recht steiler Steig führt. Nördlich der Hütte liegt der kleine aber schöne Totalpsee, der allerdings sehr oft noch bis in den Sommer hinein zugefroren ist.

Sage

Der Sage nach wird der See ausrinnen, wenn der große Felsblock, der den Ausfluss verstopft, verfällt. Sein Wasser werde dann den ganzen Walgau überschwemmen und bis zur siebten Treppenstufe der Kirche in Bludenz hinaufsteigen.

Fritzensee – Faulensee – Torasee
Drei Seen und ein Bergwerk

Tour 32

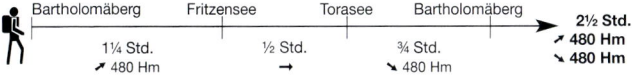

| Bartholomäberg | Fritzensee | Torasee | Bartholomäberg | 2½ Std. |
| 1¼ Std. ↗ 480 Hm | ½ Std. → | ¾ Std. ↘ 480 Hm | | ↗ 480 Hm ↘ 480 Hm |

Geeignet ab: etwa 12 Jahren
Charakter: Anfangs und am Schluss wandert man je etwa eine halbe Stunde auf Steigen, der Rest der Wanderung verläuft auf asphaltierten und geschotterten Wegen und Sträßchen.
Zeit: 2½ Std.
Höhenunterschied: etwa 480 Hm
Ausgangspunkt: Bartholomäberg, Parkplatz bei der Kirche
Anfahrt: auf der B 188 ins Montafon und in Schruns abbiegen nach Bartholomäberg
Öffentliche Verkehrsmittel: mit der Montafonerbahn nach Schruns, umsteigen auf die Buslinie 84 nach Bartholomäberg-Kirche
Auskünfte: Tourismusbüro Bartholomäberg, Tel. 050 668 6220
Einkehrmöglichkeiten: Hotel Berger Hof unterhalb der Kirche, beim Bergwerk können Getränke gekauft werden (Öffnungszeiten beachten)
Sonstiges: Öffnungszeiten des Bergwerks: Mitte Juni bis Mitte Oktober Mi, Fr und So 13–17 Uhr (Infos beim Tourismusbüro). Gegenüber der Kirche befindet sich ein Spielplatz, Barockkirche Bartholomäberg gilt als eine der schönsten Kirchen in Vorarlberg.

Montafon

Die drei kleinen Bergseen, die wir bei dieser Tour besuchen, liegen an den Hängen der Montafoner Bergwelt in Mulden eingebettet. Sie weisen kein klares Wasser auf, sondern sind im Sommer dicht von Wasserpflanzen bewachsen, was Gelegenheit gibt, zahlreiche Libellen zu beobachten. Der Weg verläuft durch duftende und aussichtsreiche Blumenwiesen, die einen Blick auf die alpine Welt des Rätikons mit Zimba, den berühmten Drei Türmen sowie der Silvrettagruppe ermöglichen. Außerdem kommt man an schönen alten Maisäße vorbei. Berücksichtigt man die Öffnungszeiten des Bergwerks, kann man außerdem noch in die Welt der Bergknappen eintauchen.

Wegverlauf

Wir folgen dem Schild „Historisches Bergwerk" der Straße westwärts und biegen in die nächste Straße (Roferweg) nach

Der kleine Faulensee schmiegt sich am Wegrand in eine Mulde.

Bergbau

Auf beiden Seiten des Kristbergsattels und an den Hängen von Bartholomäberg wurde einst Eisen, Kupfer und Silber abgebaut. Erste urkundliche Hinweise gibt es bereits aus dem 9. Jh. Die Blütezeit des Bergbaus war jedoch im 15. Jh. Die Abraumhalden des Bergbaus prägen noch heute das Landschaftsbild. Nach der Entdeckung Amerikas (1492) kam es zu großen Silbertransporten aus der Neuen Welt. Bald lohnte es sich nicht mehr, die wenig ergiebigen Erzgänge im Montafon und Klostertal auszubeuten. Ab 1550 nahm die Bergbautätigkeit rapide ab und wurde Anfang des 17. Jh. eingestellt.

Der Bergbau fand im Untertageabbau statt und wurde in Kriechgängen mit Hammer und Meißel bewältigt, Licht gaben dabei Kienspäne. Das abgebaute Material schleiften die Knappen in Ziegenhäuten ins Freie. Dann wurde das Erz händisch vom tauben Gestein getrennt, mit wasserbetriebenen Pochern zerkleinert und ins Tal (Schruns, Silbertal, Danöfen) zur Weiterverarbeitung gebracht. Dort wurde es in einfachen Öfen verhüttet, teilweise auch zur Verhüttung nach Schwaz und Brixlegg in Tirol gebracht. Man kann in den Wiesen noch gut die alten Stolleneingänge und Abraumhalden entdecken. Ein Stollen wurde als historisches Bergwerk wieder zugänglich gemacht.

rechts ein („Fritzensee 45 Minuten"). Nach fünf Minuten bergauf halten wir uns an der Abzweigung in Richtung „Fritzensee" rechts und folgen ihr nach rund sieben Minuten nach links.

Bei der nächsten Abzweigung halten wir uns nach links in Richtung „Bergwerk". Nun geht es einige Zeit auf einem Steig durch Wald und über Wiesen steil bergauf. Fünf Minuten später kommen wir zu einem Holzhaus, wir halten uns links und gleich danach vor Haus Nr. 4 rechts; nach ihm gehen wir wieder nach links hinauf in die Wiesen und kurz darauf erreichen wir wieder ein Haus. Hier gehen wir auf dem Schotterweg auf den Wald zu. Vor dem Haus zweigen wir nach links auf einen Pfad ab, überqueren eine Asphaltstraße und folgen dem Schild „Fritzensee" in den Wald. Knapp zehn Minuten später verlassen wir vor einer großen Wiesenfläche den Wald. Hier finden wir ein Schild zum Thema „Bergbau als Landschaftsgestalter" und gehen über die Wiese etwas nach rechts zu dem Holzhaus des Bergwerks.

Links des Gebäudes führt unser Wanderweg weiter. Er bringt uns in einer Viertelstunde hinauf zum Fritzensee. Ab nun folgen nur noch kleinere Steigungen, ansonsten führt der Weg relativ eben weiter. Wir gehen auf einem geschotterten Güterweg rechts am See vorbei und wandern nach fünf Minuten an einer Abzweigung geradeaus weiter in Richtung „Innerberg". Eine Viertelstunde später erreichen wir den Faulensee, ein kleines, von Hügeln umgebenes Seelein. Nach zwanzig

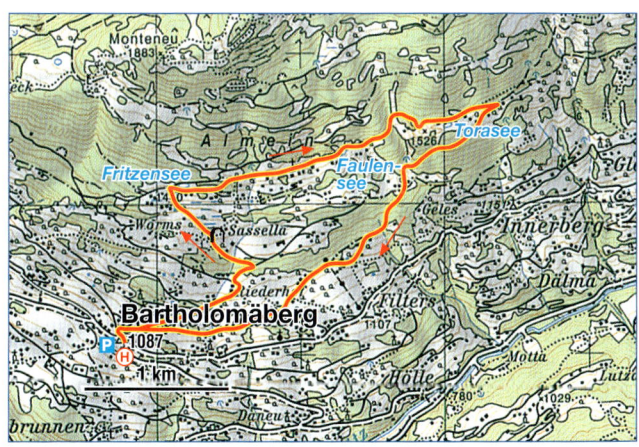

> **Tipp**
>
> Empfehlenswert ist ein Besuch der barocken Pfarr- und Wallfahrtskirche in Bartholomäberg. Sie zählt zu den schönsten Kirchen in Vorarlberg.

Minuten sehen wir rechts unterhalb von ein paar Gebäuden den Torasee, zu ihm kommt man allerdings nicht hin.

Der Weg wird nun schmäler und bringt uns in knapp zehn Minuten zu einer Abzweigung, an der wir uns mit dem Schild „Bartholomäberg 50 Min." rechts halten. Nun geht es, immer gut beschildert, auf einem Pfad ständig bergab. Gut zwanzig Minuten später treffen wir auf das Ende eines nach links abgehenden Schotterweges. Wir behalten unsere Richtung bei, treffen aber drei Minuten später doch auf ihn und halten uns rechts (nicht den links unterhalb verlaufenden Pfad nehmen!). Nach fünf Minuten kommen wir zu einer Asphaltstraße, in die wir nach rechts einbiegen. Nun haben wir wieder einen herrlichen Ausblick, nach links ins Silbertal, geradeaus in die Bergwelt des Rätikons.

Wir folgen diesem Sträßchen (Riederhofweg), bis wir auf eine Querstraße treffen, die wir schon vom Beginn her kennen (Roferweg). Auf ihr gehen wir zehn Minuten nach links hinab zum Ausgangspunkt.

Der Weg führt an idyllischen Maisäßen vorbei, dabei hat man immer wieder traumhaft schöne Ausblicke auf die Montafoner Bergwelt.

Durchs Silbertal
Ein Hochmoor und viele Wasserfälle

Tour 33

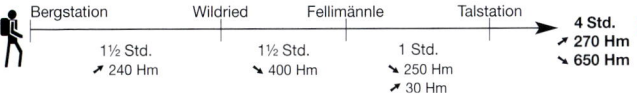

Bergstation	Wildried	Fellimännle	Talstation	4 Std.
1½ Std.	1½ Std.	1 Std.		↗ 270 Hm
↗ 240 Hm	↘ 400 Hm	↘ 250 Hm		↘ 650 Hm
		↗ 30 Hm		

Montafon

Geeignet ab: etwa 12 Jahren
Charakter: einfache Wanderung auf Wirtschaftswegen
Zeit: ganze Strecke 4 Std., von der Bergstation bis zum Wildried 1¾ Std., von der Talstation bis zum Gasthof Fellimännle 2½ Std.
Höhenunterschied: ganze Strecke etwa 270 Hm, von der Bergstation bis zum Wildried etwa 240 Hm, im Tal bis zum Gasthof Fellimännle etwa 250 Hm
Ausgangspunkt: Silbertal, Bergstation der Kristbergbahn
Anfahrt: auf der B 188 ins Montafon, in Schruns in Richtung Silbertal abbiegen
Öffentliche Verkehrsmittel: mit der Montafonerbahn nach Schruns, dann umsteigen auf die Buslinie 88 nach Silbertal-Kristbergbahn
Auskünfte: Silbertal Tourismus, Tel. 05056686230; Kristbergbahn, Tel. 05556/74119
Einkehrmöglichkeiten: Bergstation Panoramagasthof Kristberg oder Knappa Stoba, Jausenstation Hasahüsli, Alpengasthaus Fellimännle
Sonstiges: Man kann die Strecke auch mit dem Rad abfahren (Vorsicht ist auf den steilen Abschnitten geboten!). Der Weg ist auch für Kinderwagen geeignet. Schöner Spielplatz beim Gasthaus Fellimännle. Bergbaumuseum im Gemeindehaus/Zentrum.

Bei dieser erlebnisreichen Wanderung auf dem Kristberg haben Eltern mit Kindern viele Variationsmöglichkeiten. Die vollständige Tour führt erst durch Waldstücke, vorbei an der wild rauschenden Litz.
Nach der Tour bietet sich ein Besuch des interessanten Bergbaumuseums in Silbertal an. Hier kann man eine Silbertaler Bergbaumünze selbst prägen.
Wer nicht die ganze Tour wandern will, kann entweder ab der Bergstation bis zum Wildried oder im Tal bis zum Gasthaus Fellimännle und Jausenstation Hasahüsli gehen, beide Strecken sind für Groß und Klein gleichermaßen interessant. Zurück geht man jeweils denselben Weg.

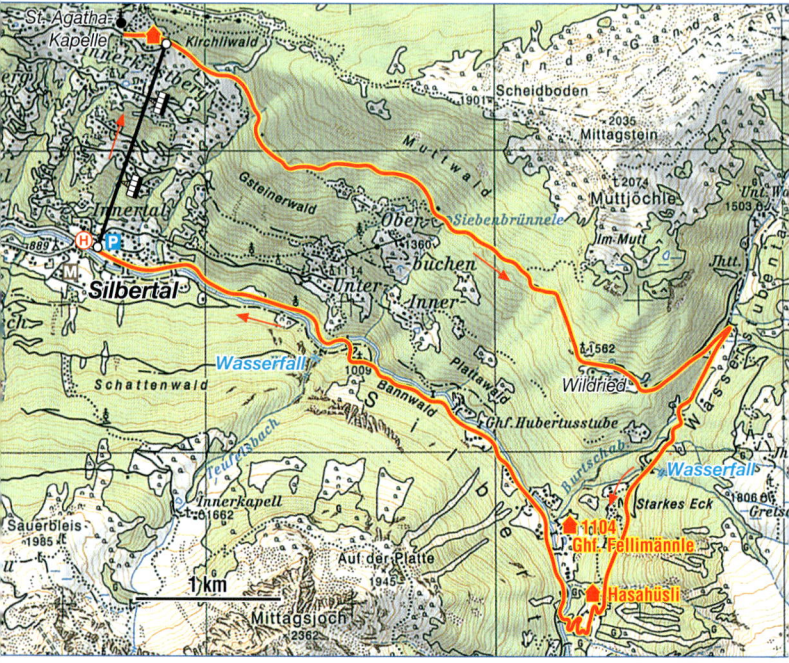

Wegverlauf

Von der Bergstation aus halten wir uns erst links und spazieren in fünf Minuten zur St. Agatha Bergknappenkapelle. Anschließend gehen wir zurück und an der Bergstation vorbei. Man kann den Weg nicht verfehlen. Leicht ansteigend spazieren wir auf dem Güterweg, haben oft einen schönen Blick ins Tal und in Richtung Bartholomäberg und kommen an verschiedenen Brunnen und Quellen vorbei. Rund fünfzig Minuten nach der Bergstation erreichen wir den Aussichtspunkt Wildried, fünf Minuten später sind wir am Wildried, das mit einer Höhenlage von 1550 Metern zu den höchstgelegenen Hochmooren Europas zählt. Die Wiese verlockt zu einer Pause, es gibt hier auch eine Ruhebank.

Anschließend geht es abwärts. An der Abzweigung halten wir uns rechts, weiter bergwärts. Etwa zehn Miunten später erreichen wir das Gebiet Lobsteg im Wasserstubental mit dem Burtschabach, wo wir dann nach rechts abbiegen. Nun folgen

St. Agatha Bergknappenkapelle

Die St.-Agatha-Bergknappenkapelle ist die älteste Kirche im Montafon. Sie wurde 1405 erstmals erwähnt und soll über einem eingestürzten Bergstollen stehen. Die Kapelle wurde von den verunglückten, aber geretteten Knappen erbaut. Sie lösten damit ihr Gelübde an ihre Schutzpatronin, die hl. Agatha, ein, das sie für ihre Rettung abgegeben hatten. Schon in alten Aufzeichnungen ist zu lesen, dass es an der nördlichen Seitenwand der Kapelle einen großen, grauen Fleck gab. Und so stand es noch in den Achtzigerjahren des 20. Jahrhunderts in Schulbüchern. Bei Entfeuchtungsarbeiten im Jahre 1992 legte man dann hinter diesem Fleck tatsächlich einen alten Stolleneingang frei. So hat sich eine alte Legende bewahrheitet. Da hier der Silberbergbau vorherrschte, soll in einer der Glocken der Kapelle Silber eingegossen sein. Kostenlose Führung nach Voranmeldung, Tel. +43 5556 72290.

Das Wildried ist eines der höchstgelegenen Hochmoore in Europa.

wir dem meist bergab führenden Weg. Unterwegs kommen wir am Gretschbach-Wasserfall vorbei. Danach können wir den Wirtschaftsweg mehrmals auf einem Steig abkürzen. Wir kommen am Jausenstation Hasahüsli vorbei, eine Viertelstunde später haben wir das Gasthaus Fellimännle erreicht. Hier finden die Kinder einen schönen Spielplatz. Mit etwas Glück können frei herumlaufende Murmeltiere bestaunt werden.

Anschließend folgen wir dem Sträßchen nach rechts. Man kann immer wieder auf einen ausgeschilderten Wanderweg ausweichen. Die neben uns fließende Litz ist hier ein wild schäumender Wildbach, der immer wieder kleine Wasserfälle bildet und sich zwischen Felsbrocken hindurchzwängen muss. Rund eine Dreiviertelstunde später kommen wir zum Wasserfall Teufelsbach; wer mit dem Rad unterwegs ist, muss hierher einen kurzen Abstecher zu Fuß machen. Eine Viertelstunde später erreichen wir die Talstation.

Litz

Die Litz trieb früher Hammerwerke und Wassermühlen an. Vor allem Sensen wurden hier produziert, die bis nach Deutschland, Frankreich und Böhmen exportiert wurden. Die rund zwanzig Kilometer lange Litz ist einer der mächtigsten Nebenbäche der Ill. Sie brachte früher den Bewohnern öfters Hochwasser und Vermurungen.

Zur Lindauer Hütte

Gemütliche Hangwanderung zum Alpengarten

Tour 34

Bergstation	Lindauer Hütte	Talstation	4 Std.
	1¾ Std.	2¼ Std.	↗ 300 Hm
	↘ 230 Hm	↘ 820 Hm	↘ 1050 Hm
	↗ 300 Hm		

Geeignet ab: etwa 12 Jahren
Charakter: Man wandert auf einem Steig, die letzte Stunde auf Sträßchen.
Zeit: 4 Std.
Höhenunterschied: etwa 300 Hm bergauf, etwa 1050 Hm bergab
Ausgangspunkt: Tschagguns-Latschau, Bergstation der Golmerbahn
Anfahrt: auf der B188 ins Montafon nach Vandans (Golmerbahn Talstation) oder über Tschagguns nach Latschau zur Golmerbahn. Der Weg zur Bergbahn ist beschildert.

Öffentliche Verkehrsmittel: mit der Montafonerbahn nach Schruns, dann umsteigen auf die Buslinie 1 nach Latschau-Golmerbahn
Auskünfte: Schruns-Tschagguns Tourismus, Tel. 05056686200 oder 210
Einkehrmöglichkeiten: Holzschopf in Latschau, Berghof Golm (Bergstation), Alpe Latschätz, Lindauer Hütte, Gauertalhaus
Sonstiges: Bei der Lindauer Hütte gibt es einen gepflegten Alpengarten, der seine schönsten Blüten im Frühsommer und im Sommer zeigt.

Montafon

Bei dieser Tour wandern wir auf einem gut zu gehenden Steig von der Bergstation der Golmerbahn zur Lindauer Hütte. Dies wird auch Kindern gefallen, da es meist bergab geht und man an einigen Wegstücken mit von Bergstürzen stammenden Felsbrocken vorbeikommt. Auch der Blick auf die mächtigen Drei Türme (2830 Hm) ist beeindruckend. Bei der Lindauer Hütte kann man einen interessanten Alpengarten besichtigen. Zurück wandern wir durchs Gauertal.

Wegverlauf

An der Bergstation ist der Weg zur Lindauer Hütte bereits mit 1¾ Std. angeschrieben. Wir folgen dem hinter der Bergstation nach links ziehenden Pfad, der mit leichtem Bergauf und vor allem Bergab den Hang entlangführt. Besonders schön ist es im Frühsommer, wenn die Alpenrosen blühen. Bald haben wir auch schon einen prächtigen Blick auf das Massiv der Drei Türme und die links davon liegende Drusenfluh und Sulzfluh.
Nach einer Stunde sind wir an der Latschätzalpe. Nun wandern wir fünf Minuten aufwärts, dann geht es wieder abwärts

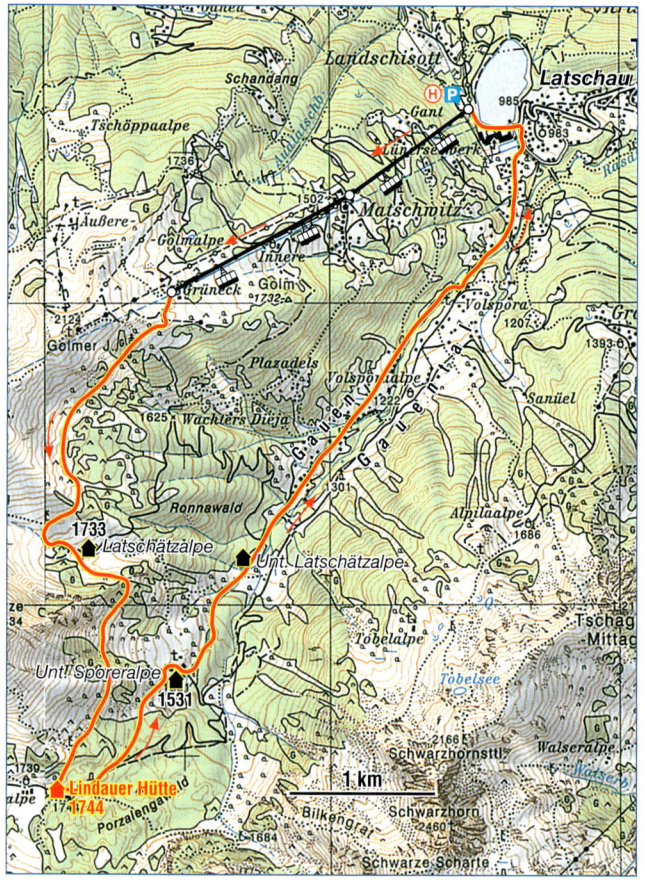

Der beeindruckende Blick auf die mächtigen Drei Türme

bis zur Lindauer Hütte. Die direkt unterhalb der Drei Türme liegende Alpenvereinshütte wurde 1899 erbaut.

Nun könnte man den Weg wieder zurückgehen (knapp 2 Stunden, etwa 340 Höhenmeter aufwärts). Schöner ist es jedoch, durch das Gauertal zurückzuwandern. Der Weg ist zwar etwas länger (2¼ Stunden), dafür geht es aber nur bergab.

Wir folgen dem Fahrsträßchen für rund fünf Minuten bis zu einer Verzweigung, wo wir uns nach links in Richtung „Untere Sporeralpe" halten. Zu ihr wandern wir nun in zwanzig Minuten auf einem Steig. An der Alpe werden wir auf einen nach links abzweigenden Wiesenweg verwiesen. Nach zwanzig Minuten erreichen wir die Untere Latschätzalpe, fünf Minuten danach an einer Kreuzung mehrerer Wege gehen wir geradeaus weiter. Nach einer Dreiviertelstunde durchwandern wir die Ansiedlung Gauen.

Wir spazieren weiter geradeaus, bis unser Güterweg in ein Asphaltsträßchen mündet, gleich danach biegen wir nach links in Richtung Golmerbahn ab, die wir nach rund 20 Minuten erreichen.

Tour 35

Herzsee und Schwarzsee
Bergab mit viel Aussicht

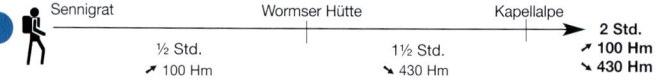

Sennigrat	Wormser Hütte	Kapellalpe	2 Std.
½ Std.	1½ Std.		↗ 100 Hm
↗ 100 Hm	↘ 430 Hm		↘ 430 Hm

Montafon

Geeignet ab: etwa 10 Jahren
Charakter: Die Wanderung findet auf breiten, gepflegten Wegen statt, nur etwa eine halbe Stunde Abstieg und der Abstecher zum Kreuzjoch verlaufen auf einem Steig. Auch für Kinder geeignet.
Gehzeit: Etwa 2 Std., Abstecher zum Kreuzjoch etwa 40 Min.
Höhenunterschied: Etwa 100 Hm, zum Kreuzjoch zusätzlich 90 Hm

Ausgangspunkt: Schruns, Hochjoch Bahn Bergstation Sennigrat
Anfahrt: Auf der B 188 ins Montafon bis Schruns, hier folgt man der Beschilderung zur Hochjoch-Bahn.
Auskünfte: Tourismusbüro Schruns, Tel. 050 6686 200
Einkehrmöglichkeiten: Kapellrestaurant, Kapellalpe, Wormser Hütte

Diese Wanderung wird uns nicht viele Schweißtropfen abverlangen. Außer einem kaum nennenswerten Anstieg zu Beginn und zwei ganz kurzen Zwischenanstiegen in der Mitte geht es nur bergab. Die Aussicht bei dieser Tour ist grandios: Wir sehen nach Süden zu der das Montafon begrenzenden Bergwelt des Rätikon und der Silvretta und nach Norden zu den Lechtaler Bergen mit der hervorstechenden Roten Wand. 200 Gipfel sollen es sein, die man von hier oben sieht, und an Tagen mit guter Fernsicht kann man sogar den Bodensee erblicken.

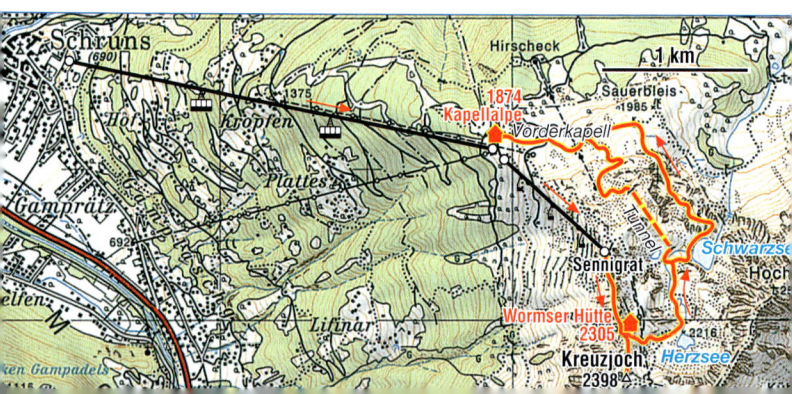

Unterwegs kommt man an diesem namenlosen See vorbei.

Wegverlauf
Wir fahren von Schruns aus mit der Hochjoch-Bahn in zwei Sektionen hinauf zur Bergstation Kapell, dann mit dem Sessellift weiter zum Sennigrat (2280 m). Hier befinden wir uns schon mitten in der Verwallgruppe. Schon diese etwa halbstündige Auffahrt bietet herrliche Blicke auf die dolomithellen Bergriesen des Rätikon, auch die zahlreichen Lawinenverbauungen sind beeindruckend. Wir folgen nun dem bequem zu gehenden Höhenweg und erreichen nach rund zehn Minuten die 1902 erbaute Wormser Hütte (2305 m). Hier kann, wer will, dem Schild zum Kreuzjoch (2398 m) folgen. In knapp zwanzig Minuten hat man auf dem Steig den Gipfel erobert, zurück braucht man etwas weniger.

Nun folgen wir dem „Seeweg", der hinter der Hütte bergab führt. In rund zehn Minuten sind wir unten am bereits von oben sichtbaren, smaragdgrünen Herzsee (2216 m), der seinen Namen von seiner Form hat und in einer Karmulde unterhalb des Kapelljochs liegt. Er dient der Wormser Hütte als Wasserreservoir.

Vom Herzsee erreichen wir in etwa 20 Minuten den Kälbersee (kleiner See vor dem Tunnel links). Nun müssen wir uns entscheiden. Der einfachere und um rund eine Viertelstunde kür-

Für Kinder geeignet: die Wanderung über den Schwarzsee.

zere Weiterweg führt durch den Skitunnel. Dieser wurde 1994/95 erbaut und ist mit 476 Metern der längste der Welt. Wir entscheiden uns aber für den mit „1¼ Std." ausgezeichneten Weg zur „Kapell-Bergstation", der vor dem Kälbersee nach rechts abzweigt, denn er bietet uns herrliche Landschaftseindrücke und Ausblicke. Gleich rechts unten liegt vor einer Karschwelle am Fuß des schroffen Hochjochs der Schwarzsee (2085 m). Hinter dem See haben wir einen prächtigen Blick auf die Lechtaler Alpen, der uns bis zum Schluss begleiten wird. Hervorstechend ist vor allem die Rote Wand. Ab jetzt gehen wir für rund eine halbe Stunde auf einem Steig. Er fällt meist ab und weist nur zwei kurze Zwischenanstiege auf.

Nach knapp einer halben Stunde erreichen wir einen Speichersee (1971 m), dessen Wasser zur Beschneiung genutzt wird. Danach spazieren wir, nun wieder auf breitem Fahrweg, in knapp zwanzig Minuten hinab zur Kapellalpe (1874 m), wo wir wieder in die Hochjoch-Bahn einsteigen.

Der Balbierfall
Spielen und grillen am Wasserfall

Tour 36

Talstation	Wasserfall	Frohe Aussicht	Innerziggam	Talstation	
	½ Std.	¼ Std.	¾ Std.	½ Std.	2 Std.
	↗ 160 Hm	↗ 70 Hm	↘ 150 Hm	↘ 120 Hm	↗ 230 Hm
				↗ 40 Hm	↘ 270 Hm

Geeignet ab: etwa 10 Jahren
Charakter: Wanderung auf Wald- und Wiesenwegen sowie Sträßchen
Zeit: erster Teil 1¾ Std., zweiter Teil 1 Std. Kurzer Zugang zum Wasserfall ¼ Std., Erweiterung zur Frohen Aussicht 20 Min.
Höhenunterschied: erster Teil 140 Hm, zweiter Teil etwa 20 Hm, zusätzlich zur Frohen Aussicht etwa 70 Hm
Ausgangspunkt: St. Gallenkirch, Talstation der Garfrescha Bahn

Öffentliche Verkehrsmittel: mit der Montafonerbahn nach Schruns, dann umsteigen auf die Buslinie 85 nach St. Gallenkirch, Ausstieg Garfrescha-Bahn
Anfahrt: auf der A14 bis Bludenz, dann auf der B 188 ins Montafon bis St. Gallenkirch
Auskünfte: St. Gallenkirch-Gortipohl Tourismus, Tel. 050 6686 301
Einkehrmöglichkeiten: Gortipohl, St. Gallenkirch

Montafon

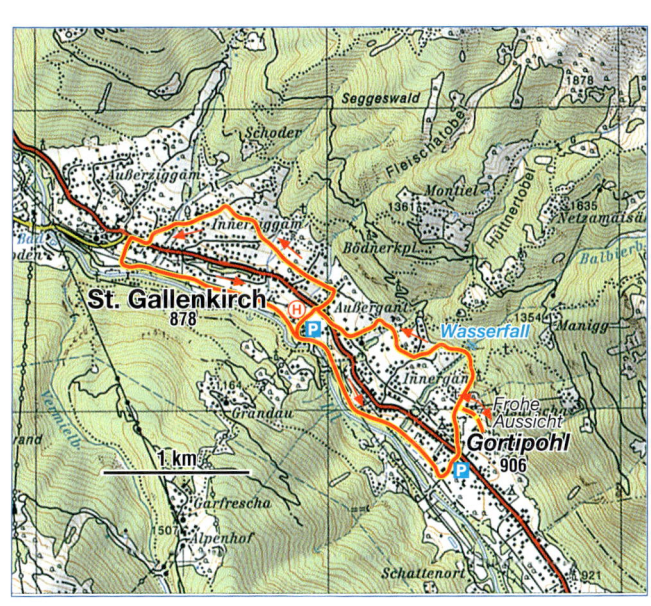

Der Ausflug zum mächtigen Balbierwasserfall wird Kindern garantiert Spaß machen. Der Wasserfall stürzt im Wald als starker Strahl senkrecht herab und fließt dann ein Stück weit wildbachartig über mächtige Steinbrocken weiter. Die Kinder können direkt an den Fall hingehen (auch wenn sie dabei vermutlich nass werden). Unterhalb des Wasserfalls befindet sich ein Schwemmkegel aus Gestein, Schotter und Sand. Hier können Kinder nach Herzenslust am Bachbett spielen. Je nach Alter der Kinder hat man die Möglichkeit, entweder in einer Viertelstunde von Gortipohl aus zum Wasserfall zu gelangen oder unterschiedlich lange Wanderungen zu unternehmen. Man kann die Tour je nach Lust und Laune erweitern und einen Abstecher zur Frohen Aussicht machen sowie durch die aussichtsreichen Wiesen nach St. Gallenkirch wandern.

Wegverlauf

Wir folgen vom Ausgangspunkt aus dem Weg entlang der Ill nach Süden. Nach etwa einer Viertelstunde sehen wir links oben Gortipohl mit seinem Kirchlein. Am nächsten Querweg, von dem aus man nach rechts zur Kneippanlage gelangen könnte, gehen wir nach links hoch zur Bundesstraße. Hier gibt es einen Parkplatz – wer nur einen ganz kurzen Spaziergang unternehmen möchte, startet hier.

Wir folgen nun erst der Alten Landstraße, dann dem Allmeinweg in Richtung „Wasserfall". Schließlich biegen wir nach rechts ab, gleich danach befindet sich links am Bach ein Spielplatz mit einem Grillplatz. (das Holz muss selber mitgebracht werden).

Wer den Weg verlängern möchte, kann nach rechts einen kurzen Abstecher zur Frohen Aussicht machen (angeschrieben ist ½ Stunde, so lange benötigt man aber nicht dazu). Anschließend kehrt man wieder zum Wasserfall zurück, überquert die Brücke und folgt dem Weg weiter. Es geht nach links am Bach entlang hinunter bis zu einer Brücke, hier spazieren wir nach rechts über die Wiese zu den nächsten Häusern und zwischen ihnen hindurch. Nach Haus Nr. 64a werden wir nach rechts verwiesen („Fußweg nach St. Gallenkirch"). Wir kom-

An den Balbierwasserfall kommt man ganz nahe heran.

men zu den nächsten Häusern und folgen dem Strä­chen nach rechts weiter.

Nach einem querenden Bach liegt rechts die kleine Pestkapelle am Hüttner Tobel. Es lohnt sich, einen Blick in die Kapelle hineinzuwerfen. Wir folgen dem Sträßchen weiter und kommen zur Bundesstraße, etwas weiter gehen wir nach links hinab zum Parkplatz.

Man kann die Wanderung aber nochmals erweitern. Diesen zweiten Teil der Tour könnte man auch extra unternehmen, wenn man vom Parkplatz aus hoch zur Bundesstraße geht. Wir biegen hierzu von der Bundesstraße in den Hanswolfaweg ab und orientieren uns bei den letzten Häusern links am „Wiesenweg". Nun spazieren wir mit prächtiger Aussicht hoch über dem Tal durch die Wiesen, überqueren zwei Wasserläufe und danach eine Straße („Fußweg zum Zamangweg"). Schließlich kommen wir nach Innerziggam und zu einem querenden Sträßchen. Hier spazieren wir nach links hinab zur bereits sichtbaren Kirche von St. Gallenkirch. Wir halten uns an der Kirche rechts, biegen aber gleich nach links ab. Der Weg bringt uns hinab zu einem asphaltierten Weg oberhalb des Sportplatzes. Auf ihm spazieren wir in zwanzig Minuten nach links zurück zum Ausgangspunkt.

Tipp

Die Kirche von St. Gallenkirch mit ihrer prächtigen Einrichtung in Schwarz und Gold zählt zu den schönsten Rokokokirchen Vorarlbergs. Am beeindruckendsten ist jedoch die „Armenbibel" – die reiche Freskenausstattung an der Decke von 1775. Solche Armenbibeln dienten dazu, der leseunkundigen Bevölkerung die biblische Geschichte zu erklären.

Tour 37: Zum Gafierjoch
Schneeballschlacht im Sommer

Bergstation — Gafierjoch — Bergstation — Gandasee — Bergstation
1½ Std. — 1 Std. — ½ Std. — ¾ Std. — 3¾ Std.
↗ 320 Hm — ↘ 320 Hm — ↘ 130 Hm — ↗ 130 Hm — ↗ 450 Hm / ↘ 450 Hm

Geeignet ab: etwa 12 Jahren
Charakter: einfache Tour, meist auf einem Steig. Nur kurz vor dem Gafierjoch zieht der Weg rund zehn Minuten durch steile Hänge, hier sollte man aufpassen. Auch auf dem Joch geht es auf der anderen Seite steil hinunter, Vorsicht!
Zeit: zum Gafierjoch 2½ Std., zum Gandasee 1¼ Std.
Höhenunterschied: zum Gafierjoch etwa 320 Hm, zum Gandasee etwa 130 Hm
Ausgangspunkt: Gargellen, Bergstation der Bergbahn Gargellen

Anfahrt: auf der B 188 ins Montafon und kurz vor St. Gallenkirch nach rechts nach Gargellen abbiegen, Parkplatz bei der Schafbergbahn
Öffentliche Verkehrsmittel: mit der Montafonerbahn nach Schruns, dann umsteigen auf die Buslinie 87 nach Gargellen-Gargellenbahn
Auskünfte: Infobüro Gargellen, Tel. 0506686-310
Einkehrmöglichkeiten: Gargellen, Schafberghüsli (Bergstation)
Sonstiges: neuer Spielplatz bei der Bergstation, Schmugglerland

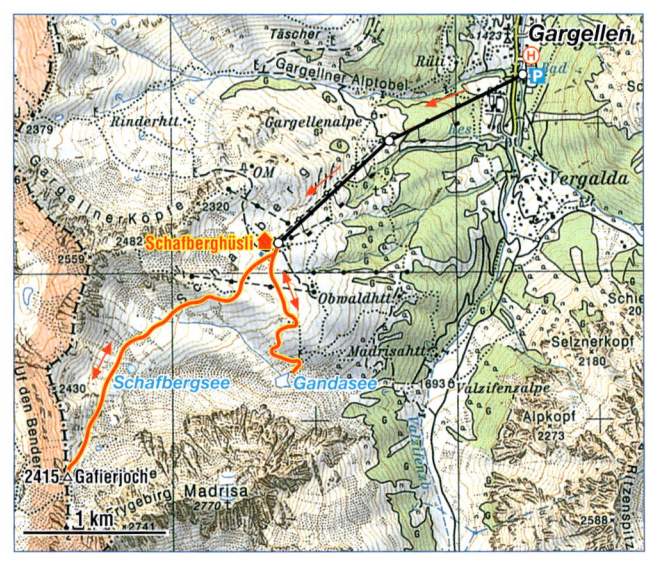

Der Weg zum Gafierjoch ist auch für Kinder abwechslungsreich.

Aussicht alleine ist ja normalerweise nichts, was Kinder übermäßig begeistert. Die Tour zum Gafierjoch ist jedoch so abwechslungsreich, dass sie Kindern sicher gefallen wird. Der Schafbergsee und der Gandasee laden zum Spielen und Rasten ein. Auf dem Weg zum Joch pfeifen die Murmeltiere und mit etwas Glück findet man auch im Sommer Schneefelder, die förmlich nach einer Schneeballschlacht rufen!

Wegverlauf

Bei der Bergstation halten wir uns an der Verzweigung rechts in Richtung „Gafierjoch". In rund einer halben Stunde wandert man nun mäßig ansteigend auf einem Güterweg hoch bis kurz vor einen künstlichen See, in dem Wasser zur Beschneiung der Skipisten gesammelt wird. Vor diesem See zweigt der Weg zum Joch als Steig nach rechts ab. Unterwegs hört man immer wieder Murmeltiere pfeifen und man

Unterwegs kommt man am kleinen Schafbergsee vorbei.

sieht ihre Höhlen. Auch kommt man an Steinmännchen vorbei – jedem Kind wird es Spaß machen, wenn es sie ein wenig höher bauen kann.

In einer weiteren halben Stunde steigen wir nun hoch zu einer kleinen Terrasse. Hier liegt links des Weges der kleine Schafbergsee, wo man eine Rast und Spielpause einlegen kann. Der Weg führt uns schließlich hoch zum Gafierjoch. Wenn man Glück hat, kommt man unterwegs noch an ein paar Schneeflecken vorbei, die vor allem an heißen Sommertagen zu einer Schneeballschlacht locken. Auf dem Joch werden wir mit einer herrlichen Aussicht belohnt, vor allem die vor uns liegende mächtige Rätschenfluh ist ein beeindruckendes Bergmassiv.

Zurück zur Bergstation gehen wir denselben Weg. Bei der Bergstation kann man nach rechts noch zum Gandasee absteigen. An der Verzweigung nach fünf Minuten orientieren wir uns links, nun haben wir auch schon einen schönen Tiefblick auf den See. Insgesamt brauchen wir etwa eine halbe Stunde hinab, später hinauf wieder eine gute Dreiviertelstunde. Dazwischen wird wohl eine lange Pause an dem idylli-

schen See nötig sein; auch die Felsen um ihn herum verlocken zum Spielen und Klettern.
Den Gandasee sieht man während der ganzen Wanderung immer wieder. Man kann ihn daher den Kindern von unterwegs schon „schmackhaft" machen. Zum See gibt es auch eine schöne Sage.

Prinzessin Ganda

Vor vielen hundert Jahren lebte im Obwaldschlössle die wunderschöne Prinzessin Ganda. Ihre Familie war seit langer Zeit verfeindet mit den Grafen von Wals. Eines Tages beschloss sie, zum Gafierjoch auszureiten. Unterwegs jedoch braute sich ein schreckliches Gewitter zusammen und es stürmte so sehr, dass sie in einer Höhle Unterschlupf suchte. Erschöpft schlief sie dort ein.

Als Ganda wieder aufwachte, bemerkte sie, dass sie in einem weichen Himmelbett lag, das sich in einem herrlichen Palast befand. Dies musste der Palast der Grafen von Wals sein! Rasch kleidete sie sich an und flüchtete aus dem Schlafzimmer. Sie eilte den langen Gang mit den Ahnenbildern entlang, nur von dem Gedanken, zu entfliehen, getrieben.

Da kam ihr ein junger Mann mit langen, dunklen Locken entgegen. Die beiden verliebten sich sofort ineinander. Der junge Mann erzählte ihr, wie er sie in der Höhle schlafend gefunden hatte, und fragte, wie sie heiße. Als Ganda ihm ihren Namen nannte, musste er bestürzt feststellen, dass sie die Tochter des verfeindeten Obwaldkönigs war. Nun musste er seine Pläne, sie zu heiraten, begraben. Im Gegenteil, er wusste, dass er Ganda so schnell wie möglich heimbringen musste, um einen Krieg zu verhindern. Beide waren sehr traurig und verwünschten die alte Fehde, die ohnehin mittlerweile keinen Sinn mehr hatte. Doch ihre Befürchtung wurde wahr: Es kam zum Krieg. Und der junge Prinz starb in diesem Krieg. Als Ganda von seinem Tod erfuhr, sattelte sie traurig ihr Pferd und ritt an einen Ort, wo sie ungestört weinen konnte. Und im Laufe der Zeit bildete sich aus ihren Tränen ein See, der Gandasee.

Tour 38

Durch das Fenggatobel
Steiler Aufstieg neben wildem Wasserfall

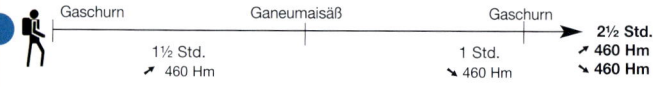

Gaschurn	Ganeumaisäß	Gaschurn	2½ Std.
	1½ Std.	1 Std.	↗ 460 Hm
	↗ 460 Hm	↘ 460 Hm	↘ 460 Hm

Geeignet ab: etwa 12 Jahren
Charakter: Zugang und der Rückweg verlaufen auf Asphalt- und Schottersträßchen, der Aufstieg neben dem Wasserfall auf einem steilen Steig, für den man trittsicher und schwindelfrei sein sollte. Bei Nässe sind insbesondere die Holzbrücken rutschig. An steilen Stellen ist mit Kindern Vorsicht geboten.
Gehzeit: Etwa 2½ Std.

Höhenunterschied: Etwa 460 Hm
Ausgangspunkt: Gaschurn
Anfahrt: Auf der B 188 ins Montafon bis Gaschurn, aber nicht in den Ort hineinfahren, sondern auf der Bundesstraße bleiben. Am Ostende des Ortes befindet sich nach der Versettlabahn an der Bundesstraße rechts ein Parkplatz.
Auskünfte: Tourismusbüro Gaschurn, Tel. 050 6686 400

Das Fenggatobel ist eine steile, romantische Schlucht, die sich der Garnera-Bach in die zur Ill abfallenden Berghänge eingesägt hat. Auf der Wanderung kommt man an einigen Wasserfällen vorbei, von denen jeder einen eigenen Charakter aufweist. Eine Idylle, die jeden Bergfreund begeistern wird, ist das Maisäß Ganeu, das aus zahlreichen alten und schwarzverbrannten Holzhütten besteht. Teilweise besitzen sie noch Dächer mit Holzschindeln. Auch der Ausblick über diese alten Hütten auf die gegenüber liegende Bergwelt ist traumhaft.

Wegverlauf

Beim Parkplatz ist bereits der Weg nach Ganeu bzw. zur Tübinger Hütte angeschrieben. Wir nehmen das hinter dem Parkplatz nach rechts verlaufende Sträßchen, zweigen aber gleich nach links ab. Nun steigt es mäßig an. In den alten Holzhütten, die wir unterwegs sehen, wurden früher die Ziegen, die einst täglich bis ins hintere Garneratal getrieben wurden, gemolken. Nach dem Fahrverbotsschild rund eine halbe

Auf dem idyllischen Maisäß Ganeu.

Stunde später geht das Sträßchen in einen Schotterweg über. Knapp zehn Minuten danach kommen wir zu einer scharfen Linkskurve. Hier zweigt der Steig durch das Fenggatobel nach rechts ab.

Nun können wir bereits den ersten Wasserfall bewundern, der Garnera-Bach fällt hier zwischen zahlreichen großen Steinbrocken zu Tal. Etwa eine halbe Stunde später kann man nach rechts zu einem großen Wasserfall abzweigen. Dieses Mal ist es ein Schleierwasserfall, der breit über die Felsen herabstürzt. Man kann ihn aber nur von weitem bewundern.

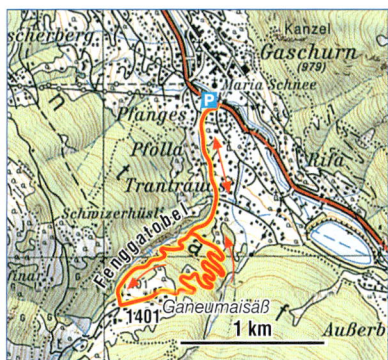

Der Weiterweg führt an einer außerordentlich glatten und fast senkrechten Felswand aus Glimmerschiefer vorbei. Unser Steig wird nun immer wieder von Steinstufen unter-

Im Fenggatobel gibt es einige Wasserfälle.

brochen, außerdem kommt eine kleine Holzbrücke und später ein Wegstück, das über Balken führt. Rund zwanzig Minuten nach dem letzten Wasserfall sehen wir von weitem im dichten Wald weitere Wasserfälle, hier hat sich der Bach eine schmale Rinne ins Gestein gesägt, durch die er in mehreren Fraktionen herabstürzt.

Gut fünf Minuten später verlassen wir den Wald und stehen direkt vor dem Maisäß Ganeu. Es bietet mit seinen Holzhütten, den blumenübersäten Wiesen und dem traumhaften Ausblick eine Bergidylle, die ihresgleichen sucht. Bei den oberen Häusern treffen wir auf ein Schottersträßchen. Auf ihm wandern wir nach links in knapp einer Stunde zurück zum Ausgangspunkt.

Der Wiegensee

Eingebettet in Latschen zu Füßen der Versalspitze

Tour 39

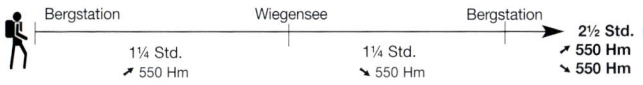

Bergstation	Wiegensee	Bergstation
1¼ Std. ↗ 550 Hm	1¼ Std. ↘ 550 Hm	2½ Std. ↗ 550 Hm ↘ 550 Hm

Geeignet ab: etwa 12 Jahren
Charakter: Gut zu gehender Steig, der meist gemächlich ansteigt. Für Kinder problemlos.
Gehzeit: Etwa 2½ Std.
Höhenunterschied: Etwa 550 Hm
Ausgangspunkt: Partenen, Bergstation der Tafamuntbahn

Anfahrt: Auf der B 188 fährt man ins Montafon bis Partenen; die Talstation befindet sich auf der linken Seite an der B 188.
Auskünfte: Tourismusbüro Partenen, Tel. 05558/8315
Einkehrmöglichkeit: Alpstöbli Tafamunt (Bergstation)

Montafon

Der 1920 Meter hoch gelegene Wiegensee ist ein idyllischer kleiner Hochgebirgssee zu Füßen der mächtigen Versalspitze (2462 m). Unterwegs kommt man an einem kleinen Moor mit Wollgrasbeständen vorbei. Am See, einem Moorsee, wächst der geschützte Purpurenzian und ein für diese Höhe einmaliger Schwingrasen, den man nicht betreten sollte. Die Libellen schwirren, dass es nur so eine Pracht ist. Die Wanderung bietet uns immer wieder eine herrliche Sicht zur Bergwelt der Silvretta- und Verwallgruppe, auch kann man gut sehen, wie sich die Silvretta-Hochalpenstraße hochschraubt. Da die Wanderung nicht allzu lang oder anstrengend ist und dazu zu einem schönen Ziel führt, kann man sie mit gutem Recht als Familienwanderung ansehen.

Wegverlauf

Bereits an der Bergstation der Tafamuntbahn ist der Weg zum Wiegensee angeschrieben. Er zieht hinter dem Alpstöbli nach rechts in den Wald. Ab nun geht es meist leicht aufwärts, abgewechselt von ein paar kurzen Steilstücken und flacheren Abschnitten.

Gleich zu Beginn sehen wir im Wald einige riesige Felsbrocken, die wohl vor langer Zeit vom Berg herabgekommen sind. Nach

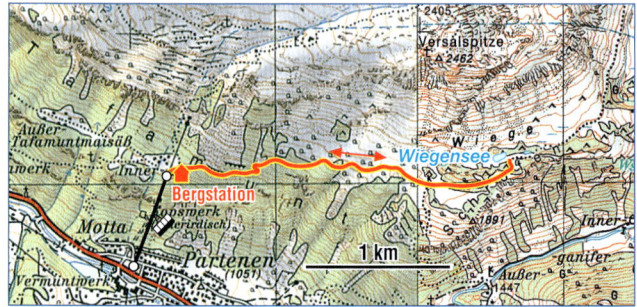

rund einer Dreiviertelstunde kommen wir zu einer sumpfigen Fläche mit Wollgrasbeständen, hier sollten wir nach rechts zum bereits sichtbaren Aussichtspunkt hinausgehen. Nach fünf Minuten wandern wir an der Abzweigung nach Partenen vorbei. Nun sind wir auch über der Waldgrenze, hier wachsen nur noch vereinzelt Bäume, dafür ist hier in der „Wiege" genannten großen, flachen Mulde die Fläche mit Latschen bewachsen. Rund eine halbe Stunde nach dem Abzweig können wir zum Kops-Stausee sehen, kurz darauf erreichen wir den Wiegensee. Hier wurden Bänke zum Ausruhen aufgestellt.

Zurück gehen wir denselben Weg, dieses Mal geht es bergab. Den Abzweig nach einer Viertelstunde nach links nach Partenen ignorieren wir, denn er ist außergewöhnlich steil. Wir fahren lieber Knie schonend mit der Bahn wieder zurück.

Der Wiegensee kann auch von Kindern erwandert werden.

Um den Silvrettasee
Strandleben auf über 2000 Meter Höhe

Tour 40

Geeignet ab: etwa 10 Jahren
Charakter: guter Weg
Zeit: 2 Std.
Höhenunterschied: etwa 100 Hm
Ausgangspunkt: Bielerhöhe
Anfahrt: von Bludenz aus auf der B 188 ins Montafon und auf der Silvretta-Hochalpenstraße (Mautpflicht) hochfahren bis zum Stausee

Öffentliche Verkehrsmittel: mit der Montafonerbahn nach Schruns, dann umsteigen auf die Buslinie 85 nach Bielerhöhe-Silvrettasee
Auskünfte: Partenen Tourismus, Tel. 050 6686410
Einkehrmöglichkeit: Restaurant Silvrettasee, Berggasthof Piz Buin, Silvretta-Haus

Montafon

Ein Besuch des Silvrettasees auf der Silvretta-Bielerhöhe ist ein „Muss" für alle Vorarlberg-Besucher. Auch Kindern wird es hier gefallen. Um den See führt ein schöner, sogar für Kinderwagen geeigneter, Wanderweg, der für kleine Kinder gut zu gehen ist. Etwa in der Mitte findet man einen „Strand" mit mächtigen Felsklötzen, an dem man eine lange Spielpause einlegen kann.

Hohes Rad mit Silvrettasee

Wegverlauf

Der See-Rundweg ist nicht zu verfehlen. Da der Weg aber nicht allzu lang ist, sollten wir ihn abwandern. Wir beginnen am besten auf der Ostseite, wo wir zuerst am 733 Meter langen Bieler Damm entlangwandern. Nach rund zwanzig Minuten stürzt von links ein mächtig schäumender Gebirgsbach in den See. Zwanzig Minuten später erreichen wir den Eingang ins Ochsental. Hier fließt die Ill als wilder Gebirgsbach in den See. Sie hat einen „Sandstrand" angeschwemmt, der zusammen mit dem Bachbett ein idealer Platz für eine Rast ist – wo kann man sonst auf über 2000 Meter Höhe am Strand liegen oder spielen? Interessante Gebilde sind auch die riesigen Felsklötze, die es hier gibt.

Für den Rückweg haben wir nun zwei Möglichkeiten. Schön ist es, auf der Westseite zurückzumarschieren. Dabei überquert man den Klostertaler Bach, der sich im Gegensatz zur Ill eine richtige kleine Schlucht gegraben hat. Dieser Weg ist etwa fünfzig Minuten lang und steigt auf rund 2100 m an.

Den Silvrettasee kann man auf einem guten Weg umrunden.

Zum Steinernen Meer
Vom Formarinsee zum Felslabyrinth

Tour 41

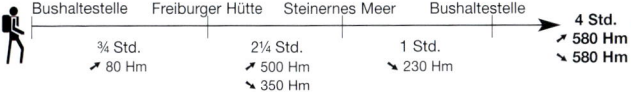

Bushaltestelle	Freiburger Hütte	Steinernes Meer	Bushaltestelle	4 Std.
¾ Std.	2¼ Std.	1 Std.		↗ 580 Hm
↗ 80 Hm	↗ 500 Hm	↘ 230 Hm		↘ 580 Hm
	↘ 350 Hm			

Geeignet ab: etwa 12 Jahren
Charakter: Der Weg zur Freiburger Hütte verläuft auf einem Schottersträßchen, dann geht es auf einem Pfad weiter. Im Steinernen Meer ist Vorsicht geboten, denn manche der Steine sind wackelig. Danach wandert man auf einem schönen Steig bergab.
Zeit: 4 Std.
Höhenunterschied: etwa 580 Hm
Ausgangspunkt: Bushaltestelle vor dem Formarinsee. Die Bushaltestelle der zum See fahrenden Busse befindet sich bei der Parkgarage Anger unterhalb der Kirche.
Anfahrt: von Süden her: auf der S 16 durchs Klostertal, nach Stuben nach Lech abbiegen. Von Norden her: ab Dornbirn auf der B 200 über den Hochtannbergpass, in Warth nach rechts Richtung Lech abbiegen. Wir parken in Lech in der Parkgarage Anger unterhalb der Kirche.
Öffentliche Verkehrsmittel: mit den Linien 42, 91 oder 92 nach Lech-Postamt, die Linien 2/6/7 fahren zum Formarinsee
Auskünfte: Lech Zürs Tourismus, Tel. 05583/21610
Einkehrmöglichkeiten: Freiburger Hütte, Formarinalpe, Zug, Lech
Sonstiges: Es gibt ein Faltblatt mit geologischen Erläuterungen und der Lage der Versteinerungen.

Arlberg

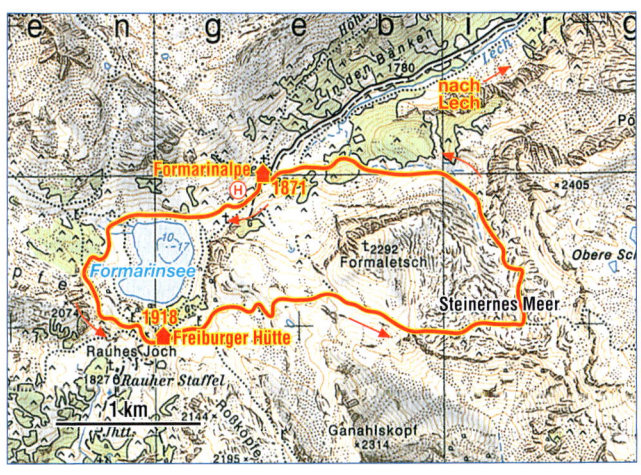

Ziel einer gemütlichen Rast: die Freiburger Hütte

Wegverlauf

Wir fahren mit dem Wanderbus von Lech aus zur letzten Bushaltestelle nach der Formarinalpe. Von hier aus wandern wir, der Zufahrtsstraße folgend, in rund einer Dreiviertelstunde auf einem Schotterweg zur 1918 m hoch gelegenen Freiburger

> Diese Wanderung bietet für Kinder zwei Höhepunkte. Zum einen der schön gelegene Formarinsee, zum anderen werden sie besonders begeistert vom Steinernen Meer sein, einem verwirrenden Kalkfelslabyrinth mit scharfkantigen Karren und steilwandigen, schachtartigen Dolinen. Es ist eine große Fläche aus Kalksteinen, die durch Oberflächenerosion in Karren aufgelöst sind. Sie bilden Tälchen und kleine Felsmassive und erwecken den Eindruck einer verfallenen Ruinenstadt und eines riesigen Naturlabyrinths. Man kann zwischen den Steinformationen herumgehen, besser gesagt balancieren. Man sollte nur aufpassen, dass man nicht abrutscht, denn dann ist die Haut schnell verschrammt oder der Fuß verknackst. Auch sind manche Steine wackelig. Aber ansonsten ist das Steinerne Meer ein harmloses Vergnügen, das Kindern viel Spaß machen wird.

Hütte. Gleich nach der Haltestelle sehen wir auch schon links unten den tiefgrünen See liegen.

Hinter der Alpenvereinshütte nehmen wir den Weg, der mit „Ravensburger Hütte, Steinernes Meer" markiert ist. Er ist ein gut zu gehender Steig, der sanft ansteigend in einigen Windungen aufwärts führt.

Nach knapp einer halben Stunde haben wir den ersten Anstieg geschafft und sehen vor uns den riesigen, mit Gras bewachsenen Formaletsch (2292 m) aufragen. Fünf Minuten später gabelt sich nach einem kleinen Tümpel der Weg. Links führt er hinauf zum Formaletsch, wir aber orientieren uns an

Steinernes Meer

Im Steinernen Meer kann man gut die Besonderheiten des Kalkgesteins kennen lernen: Kalkgestein ist wasserlöslich. Durch das Regenwasser löst sich das Gestein auf, das Wasser versickert im immer poröser werdenden Gestein, frisst Gänge und immer größer werdende Hohlräume hinein und fließt unterirdisch ab. Dadurch entstehen unterirdische Höhlen. Irgendwann ist eine solche Höhle so groß, dass sich das darüber liegende Gestein nicht mehr halten kann und einbricht. Dann ist auf der Erdoberfläche ein trichterförmiges Loch entstanden – und dieses Loch nennt man Doline oder Erdfall. Der Begriff Karren kommt ebenfalls von diesem Naturphänomen: Auch die Gesteinsoberfläche wird durch das Regenwasser ausgewaschen und abgetragen. So bilden sich Furchen und Rinnen, in denen das Wasser abfließt: die so genannten Karren. Die dazwischenliegenden „Wände" können oft „messerscharf" sein.

*Durch das „Felslabyrinth"
des Steinernen Meeres*

den auf einen Stein gemalten Buchstaben „R.H." (Ravensburger Hütte) und wandern geradeaus und eben weiter. Etwa zwanzig Minuten später, nach einem Linksknick des Pfades, sehen wir das Steinerne Meer unter uns. Wer will, kann nach links hinabsteigen und sich dort vergnügen. Man findet auch herrliche Plätze für eine ausgedehnte Pause.

Der Weiterweg erfordert für die nächste halbe Stunde Aufmerksamkeit, denn man geht, besser gesagt, man turnt und balanciert, immer den Markierungen folgend, an der Südseite des Steinernen Meeres weiter. An der Verzweigung halten wir uns links in Richtung „Formarinalpe 1 Std.". Hier sind auch die Fundstellen der Versteinerungen.

Versteinerungen

In der Nähe des Steinernen Meeres fand man Megalodonten, die so genannten Kuhtrittmuscheln, die so heißen, weil ihre Überreste aussehen wie Hufabdrücke. Früher hat man deshalb auch gemeint, sie stammen vom Teufel. Außerdem fand man hier Reste von Muscheln, die von Jägern als Steinbockhorn bezeichnet wurden.

Nach rund fünf Minuten kommen wir zu einer Stelle, wo sich ein kleines versteinertes Korallenriff befindet. Hier kann man im Frühsommer vereinzelt die seltenen, kleinen und stark duftenden Steinröschen finden. Der Pfad führt nun immer sanft abwärts und bringt uns nach rund einer Dreiviertelstunde zur Formarinalpe. Fünf Minuten später erreichen wir die Bushaltestelle.

Die Wette

So schön es um den Formarinsee im Sommer auch ist, während der kalten Jahreszeit soll es hier nicht so angenehm sein, und das nicht nur wegen den Temperaturen. Und zwar haben die Bütze – kleine, geheimnisvolle Männlein – zwischen Mitte September und Anfang Mai das Recht, in den Alphütten zu hausen. So sollte derjenige, der im Winter in einer der Hütten übernachten will, freundlich um Erlaubnis bitten, sonst könnte es ihm schlecht ergehen.

So wettete einmal ein Jäger mit einem Bauern um eine weiße Geiß, dass es ihm gelingen könnte, ohne böse Erfahrungen in einer Hütte die Nacht zu verbringen. Er nahm einen Hund, ein Gewehr und den ersten Anschnitt eines Agathabrotes mit. In der Alphütte Formarin kochte er sich ein Mus und rührte es im Namen der Dreifaltigkeit. Dabei ließ er sich auch nicht von einem feurigen Geißkopf abschrecken, der durch das Dach lugte. Er ließ ihn sogar vom Mus schlecken. Dann schoss er hinauf, worauf dort ein fürchterliches Gejammer erschallte. Am nächsten Tag verließ der Jäger die Hütte – er hatte die Wette gewonnen!

Der Weg verläuft hoch über dem Formarinsee.

Tour 42

Gipslöcher und Walserweg
Mondlandschaft und Alpen

Bergstation Oberlech	Auenfeldsattel	Bürstegg	Bushaltestelle	
1½ Std.	½ Std.	¾ Std.	¾ Std.	3½ Std.
↗ 300 Hm	↘ 100 Hm	↗ 130 Hm	↘ 270 Hm	↗ 500 Hm
↘ 100 Hm	↗ 70 Hm	↘ 130 Hm		↘ 600 Hm

Arlberg

Geeignet ab: etwa 12 Jahren
Charakter: Wanderung mit vielen interessanten Stationen. Sie verläuft auf gut zu gehenden Steigen, nur im Bereich um die Gipslöcher und beim Abstieg von Bürstegg ist Vorsicht geboten. Vor allem bei feuchtem Wetter können die Wege hier rutschig sein. Gegebenenfalls geht man ab Bürstegg direkt zur Bodenalpe. Zurück fährt man mit dem Bus.
Zeit: Walserweg 3 Std., Gipslöcher zusätzlich ½ Std.
Höhenunterschied: etwa 500 Hm bergauf, etwa 600 Hm bergab
Ausgangspunkt: Bergstation der Bergbahn nach Oberlech.
Anfahrt: von Süden her: auf der S 16 durchs Klostertal, dann nach Stuben auf der B 198 nach Lech abbiegen. Von Norden her: ab Dornbirn auf der B 200 über den Hochtannbergpass, in Warth nach rechts Richtung Lech abbiegen. Wir parken in Lech in der Parkgarage Anger unterhalb der Kirche. Die Talstation der Bahn befindet sich gegenüber.
Öffentliche Verkehrsmittel: mit den Linien 42, 91 oder 92 nach Lech-Postamt. Retour mit der Linie 42 oder dem Ortsbus 3 von der Haltestelle Lech-Bodenalpe.
Auskünfte: Lech-Zürs Tourismus, Tel. 05583/21610
Einkehrmöglichkeiten: Lech, Auenfeldalpe, Bürstegg, Bodenalpe

Blick zum schroffen Karhorn

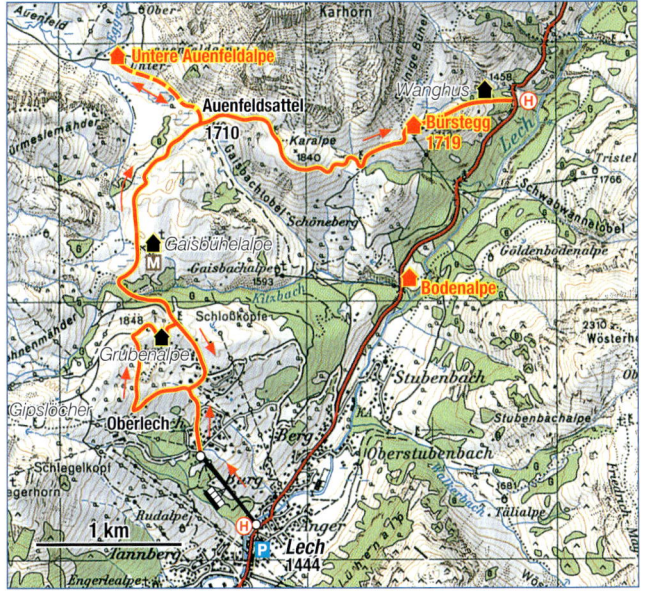

Das vor allem als Wintersportort bekannte Lech hat zwei Lehrwege eingerichtet, die beide auch für Kinder interessant – und im Prinzip einfach zu begehen – sind. Der Lehrweg durch das Naturschutzgebiet Gipslöcher nimmt etwa 1½ Stunden in Anspruch. Die einer Mondlandschaft gleichende Landschaft mit den vielen kleinen Hügeln, den teilweise tiefen Löchern und dem schmalen Pfad ist genau das, was Kindern gefällt!

Man kann die Gipslöcher aber auch gut in eine Wanderung auf dem Lehrpfad „Auf den Spuren der Walser" einbinden, der sich dadurch nur um rund eine halbe Stunde verlängert. Auf beiden Lehrwegen sind zahlreiche Schilder mit Erklärungen der Sehenswürdigkeiten und Besonderheiten angebracht.

Die Wanderung verläuft in einer herrlichen Bergkulisse, in der die Mohnenfluh, das Karhorn, der Widderstein und später der mächtige Biberkopf die beherrschenden Berggestalten sind.

Gipslöcher

Das gipshaltige Gestein, das Wasser aufnehmen kann, liegt einige Meter unterhalb der Oberfläche. Es kann bei Wasseraufnahme um die Hälfte seines Volumens aufquellen. Dabei wölbt es sich auf, dies ist auch der Grund für die typische, lebhaft bewegte Landschaft um die Gipslöcher. Die Gipslöcher sind über tausend Dolinen (oder Erdfälle), die entstanden, weil mit dem Niederschlagswasser auch der aufgelöste Gips unterirdisch abfloss. Bei einer durchschnittlichen Niederschlagsmenge von 2000 Millimeter pro Jahr werden mehr als drei Kilogramm Gestein aufgelöst und abgeführt. Wo der stärkste Wasserabfluss ist, entstanden Dolinen. Diese können sich überschneiden und mehrere im Laufe der Zeit sich zu einer einzigen vereinigen. Die größte Doline hat einen Durchmesser von fast hundert Metern und einen rund 35 Meter tiefen Krater.

Für Pflanzen ist der Untergrund ein extremer Lebensbereich, nicht nur wegen der ständigen Bewegung und Auflösung, sondern auch wegen der nahrungsfeindlichen Zusammensetzung der sauren Böden und der außergewöhnlichen klimatischen Verhältnisse: Die Gipslöcher sind stark besonnt, heiß und trocken. Auf dem stets feuchten Boden der Löcher dagegen herrschen kalte Temperaturen. Trotzdem wachsen hier rund 160 Pflanzenarten, darunter auch das Zarte Gipskraut, das seinen Lebensbereich bereits im Namen trägt, und von Juli bis etwa Mitte August kann man allein elf blühende Orchideenarten direkt am Wegrand finden. Im Bereich der Gipslöcher leben auch viele Murmeltiere, denn das weiche Gestein eignet sich hervorragend zum Höhlenbau.

Wegverlauf

Wir folgen hinter der Bergstation dem schmalen, aufwärts führenden Weg in Richtung „Gipslöcher, Schlössle". Bei den nächsten Hotels biegen wir nach links ab. Zehn Minuten später halten wir uns an einer Verzweigung vor Holzhütten und der ersten sichtbaren Felswand der Gipslöcher in Richtung „Schlegelkopf". Zwölf Minuten später zweigen wir auf einen schmalen Pfad nach rechts ab („Gipslöcher, Lehrpfad, Auenfeldsattel"). Nach wenigen Minuten halten wir uns links („Oberer Weg").

Nun sehen wir links und rechts verschiedene größere und kleinere Dolinen. Seitenwege führen zu ihnen hin. Achtung: Bei den Dolinen geht es teilweise steil bergab.

Zu den Gipslöchern führen schmale Pfade.

Wir kommen schließlich zu einem Tümpel, in dem sich auf dem Gipsgestein Wasser gesammelt hat. Hier wachsen seltene Pflanzen wie das Breitblättrige Wollgras und man findet Tiere wie den Alpenmolch, den Moorfrosch, Wasserläufer und Wasserkäfer.

Schließlich erreichen wir einen breiten Güterweg. Hier endet der Lehrweg durch die Gipslöcher-Landschaft. Wir biegen nach rechts ab und kommen zur Grubenalpe. Rechts davon können wir einige Meter hinausgehen, hier sehen wir das wohl größte Gipsloch.

Fünf Minuten später kommen wir zu einer Verzweigung. Wer nur den Gipslöcher-Lehrweg begehen wollte, folgt hier dem Güterweg zurück nach Oberlech, das man in rund zwanzig Minuten erreicht.

Wir wollen aber dem Walserweg folgen und biegen nach links ab. Gleich darauf zweigt unser Lehrweg nach rechts ab. Es geht erst bergab zu

Walserweg

Der Walserweg erinnert an die Walser, die um 1300 aus dem Schweizer Wallis in das obere Lechtal einwanderten, das damals Tannberg genannt wurde. Wegen des rauen Klimas konnten sie hier nur Viehzucht und Milchwirtschaft betreiben. Landschaftsnamen wie das Große und das Kleine Walsertal erinnern noch an dieses Volk.

Bürstegg

In Bürstegg kann man einkehren, auf jeden Fall sollte man aber einen Blick in die kleine, dem hl. Martin geweihte Kirche werfen. Sie wurde 1695 erbaut und besitzt eine einfache Barockeinrichtung. Für eine derart kleine Ansiedlung ist sie außergewöhnlich groß gebaut. Der Name der Siedlung leitet sich vom Borstgras ab, das in den Sumpfgebieten um die Häuser wächst und im Volksmund „Burst" oder „Bürstl" genannt wurde. 1835 gab es in Bürstegg noch 13 bewohnte Häuser, 1898 war der Ort wegen seiner schwierigen Lage aber bereits entsiedelt. Heute wird hier nur noch Alpwirtschaft betrieben.

einem Bacheinschnitt, dann hinauf zur Gaisbühelalpe, die wir nach zwanzig Minuten nach der Abzweigung erreichen. Sie ist als Museum eingerichtet. Man sieht die Küche, in der früher Käse gemacht wurde, und die Originalwerkzeuge an der Wand, die Wohn- und die Schlafstube. Erstaunlich und sicher interessant für die Kinder ist es, wenn man sieht, wie einfach die Leute früher gelebt haben.

Wir wandern anschließend in 20 Minuten hinab zum Auenfeldsattel. Hier müssen wir uns entscheiden. Wer einen Abstecher zur Auenfeldalpe machen will, hält sich hier links, hin und zurück brauchen wir je rund 15 Minuten. In der Auenfeldalpe kann man eine Schausennerei besuchen.

Rechter Hand des Auenfeldsattels steigt der Weg fünf Minuten an, dann geht es rund drei Minuten flacher weiter, danach fällt der Weg ab nach Bürstegg, das wir schon von weitem sehen. Vor dem Weiler kommen wir zu einer Verzweigung. Mit kleinen Kindern oder bei feuchtem Wetter biegen wir hier nach rechts ab und wandern auf dem Steig zur Bodenalpe oder auf dem Fahrweg zur Bundesstraße, denn dieser Weg ist leichter zu begehen. Ansonsten marschieren wir weiter zu der alten Walsersiedlung Bürstegg.

Danach folgen wir dem Weg weiter in Richtung Wanghus. Er fällt allerdings sehr steil ab, so dass wir bei Nässe vorsichtig sein sollten. Nach einer halben Stunde sind wir am Wanghus. Nun geht es noch eine Viertelstunde bergab, dann sind wir an der Straße und der Bushaltestelle bei der Bodenalpe, von der aus wir zurück nach Lech fahren.

Die idyllisch gelegene Alpsiedlung Bürstegg

Das wilde Männlein von Bürstegg

Früher lebte in Bürstegg ein wildes Männlein, das den Menschen half. Es kam im Frühjahr aus den Felswänden des Karhorns, hütete die Kühe, brachte ihnen die fettesten Gräser und sorgte dafür, dass sie abends alle wohlbehalten in den Stall zurückkehrten. Die Bürstegger waren ihm dankbar dafür und stellten ihm immer Brot, Käse und Butter auf einem Stein bereit, und am nächsten Tag war alles verschwunden. Einmal im Herbst wollten sie dem hilfreichen Männlein jedoch eine besondere Freude machen. Sie holten den Schneider und ließen dem Männlein neue Kleider und einen Kapuzenrock fertigen. Das legten sie dann alles auf den Stein. Als das Männlein kam, zog es die Kleider an, betrachtete sich von oben bis unten und sagte: „Hübscha Ma, weha Ma, nöma hüata cha." Es verschwand und ließ sich nie mehr blicken.

Tour 43 – Der Spullersee

Ein Stausee und eine aussichtsreiche Almentour

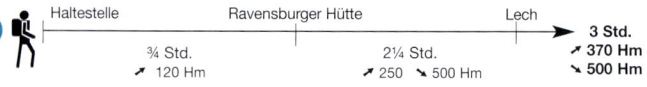

Haltestelle	Ravensburger Hütte	Lech	3 Std.
¾ Std.	2¼ Std.		↗ 370 Hm
↗ 120 Hm	↗ 250 ↘ 500 Hm		↘ 500 Hm

Geeignet ab: etwa 12 Jahren
Charakter: Die Tour verläuft auf gut zu gehenden Steigen, die allerdings zwischen dem See und der Ravensburger Hütte bei feuchtem Wetter rutschig sein können.
Gehzeit: ca. 3 Std.
Höhenunterschied: Etwa 370 Hm
Ausgangspunkt: Bushaltestelle vor dem Spullersee. Wir parken in Lech in der Parkgarage Anger unterhalb der Kirche. Die Bushaltestelle der zum See fahrenden Busse befindet sich direkt davor.
Anfahrt: Von Süden her: auf der S 16 durchs Klostertal, dann weiter auf der B 198 nach Lech; von Norden her: ab Dornbirn auf der B 200 über den Hochtannbergpass
Auskünfte: Lech-Zürs Tourismus, Tel. 05583/2161-0
Einkehrmöglichkeit: Ravensburger Hütte

Blick von der Ravensburger Hütte zum Spullersee.

Wegverlauf

Ab der Haltestelle nehmen wir auf der Südseite des Sees den Güterweg zur Ravensburger Hütte. Dort haben wir zwei Möglichkeiten. Wir können entweder auf dem Fahrweg mit einem kleinen Ab-, dann einem Aufstieg oder relativ eben weiter auf dem Steig zum Stierloch wandern, das wir nach gut zwanzig Minuten erreichen. Der Steig ist allerdings die interessantere Variante. Auf dieser Strecke hat man einen prächtigen Blick auf die markante Roggalspitze.

Das Seeende liegt in einer herrlichen Hochgebirgskulisse.

Diese Wanderung führt uns auf einem Steig zur Ravensburger Hütte und danach durch eine aussichtsreiche Almenlandschaft zurück nach Lech. Dabei hat man ein paar Mal die Möglichkeit, zwischen verschiedenen Wegvarianten zu wählen. Auf der Tour wird man immer wieder Murmeltiere sehen, zumindest aber ihre Pfiffe hören. Im Frühsommer blühen hier Alpenrosen.

Der 1827 Meter hoch liegende Spullersee dient den Österreichischen Bundesbahnen als Speicherkraftwerk, hierzu führt ein teils unter-, teils oberirdischer Druckstollen nach Innerwald im Klostertal. Es ist zwar nicht zu übersehen, dass er ein Stausee ist, sein tiefgrünes Wasser, die umliegende Bergwelt und der Blick über das eingeschnittene Klostertal auf die Verwallgruppe und die schneebedeckten Silvrettariesen entschädigen jedoch für diesen künstlichen Eindruck.

Ab dem Joch gehen wir erst rund zwanzig Minuten auf dem Güterweg steil abwärts, dann bieten sich uns erneut zwei Möglichkeiten. Man könnte dem Güterweg weiter bergab folgen, dann kommt man in Zug heraus. Ab hier wandert man entweder in rund einer dreiviertel Stunde nach rechts zurück

Beim Rückweg hat man einen schönen Blick auf Lech.

nach Lech oder fährt mit dem Bus. Man „spart" sich hierbei etwa hundert Höhenmeter, die Wanderzeit zurück nach Lech ist nur etwa eine Viertelstunde kürzer.

Wesentlich schöner ist es jedoch, wenn man nach rechts abzweigt, hinunter zur Stierlochalpe geht und dann dem sanft ansteigenden Pfad nach links folgt. Er bringt uns durch Latschen zur Gstütalpe. Nun haben wir einen herrlichen Blick, einerseits hinab ins Tal des jungen Lech und auf Zug, kurz danach auch auf den Ort Lech und die ihn umgebende Bergwelt.

Wir ignorieren den Abzweig nach Zug und folgen dem ständig bergab führenden Pfad zurück nach Lech, das wir etwa 1¾ Stunden nach der Stierloch-Alpe erreichen. Wer will, kann vorher noch einen Abstecher zum Aussichtspunkt Hornplätze machen, hin und zurück sind etwa eine halbe Stunde einzukalkulieren. Der Abzweig und der Weg sind auf der Strecke markiert.

Tour 44: Über den Rüfikopf zum Monzabonsee

Murmeltiere, Kälbchen und Jausenfels

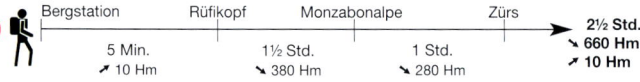

Bergstation	Rüfikopf	Monzabonalpe	Zürs	
5 Min. ↗ 10 Hm	1½ Std. ↘ 380 Hm	1 Std. ↘ 280 Hm		2½ Std. ↘ 660 Hm ↗ 10 Hm

Geeignet ab: etwa 10 Jahren
Charakter: Die Wanderung führt vorwiegend über gute Wege, ein Stück über Graswege.
Zeit: 2½ Std., dann Rückfahrt mit dem Bus
Höhenunterschied: insgesamt im kupierten Gelände etwa 120 Hm bergauf, etwa 660 Hm bergab
Ausgangspunkt: Lech, Bergstation der Rüfikopfbahn
Anfahrt: von Süden her: auf der S 16 durchs Klostertal, dann nach Stuben auf der B 198 nach Lech abbiegen. Von Norden her: ab Dornbirn auf der B 200 über den Hochtannbergpass, in Warth nach rechts Richtung Lech abbiegen. Parken können wir in der Parkgarage Anger unterhalb der Kirche.
Öffentliche Verkehrsmittel: mit den Linien 42, 91 oder 92 nach Lech-Postamt
Auskünfte: Lech-Zürs Tourismus, Tel. 05583/21610
Einkehrmöglichkeiten: Bergstation, Monzabonalpe, Trittalpe, Lech

---

Der Monzabonsee ist ein kleines Bergseelein in einer Senke zwischen dem Rüfikopf und der Rüfispitze. Besonders idyllisch ist es, wenn Kühe und Kälbchen an seinem Ufer grasen. Dann muss gestreichelt werden! Nach der Monzabonalpe wandern wir unterhalb des Massivs der Rüfispitze entlang und kommen an kleinen, alten Heuhütten vorbei. Danach sehen wir noch den Wasserfall, den der Pazüelbach bildet. Unterwegs hört man immer wieder die Murmeltiere pfeifen.

Wegverlauf

Von der Bergstation aus gehen wir zuerst hinauf auf die Aussichtsterrasse hinter der Station, dann etwas nach Osten und in fünf Minuten hinauf auf den Rüfikopf (2362 m). So haben wir bei dieser Tour sogar einen Gipfel bestiegen! Beide bieten uns eine herrliche Aussicht. Wenn wir vom Rüfikopf herabkommen, biegen wir auf den breiten Fahrweg nach links ein. Er bringt uns in rund einer Viertelstunde hinab zum Monza-

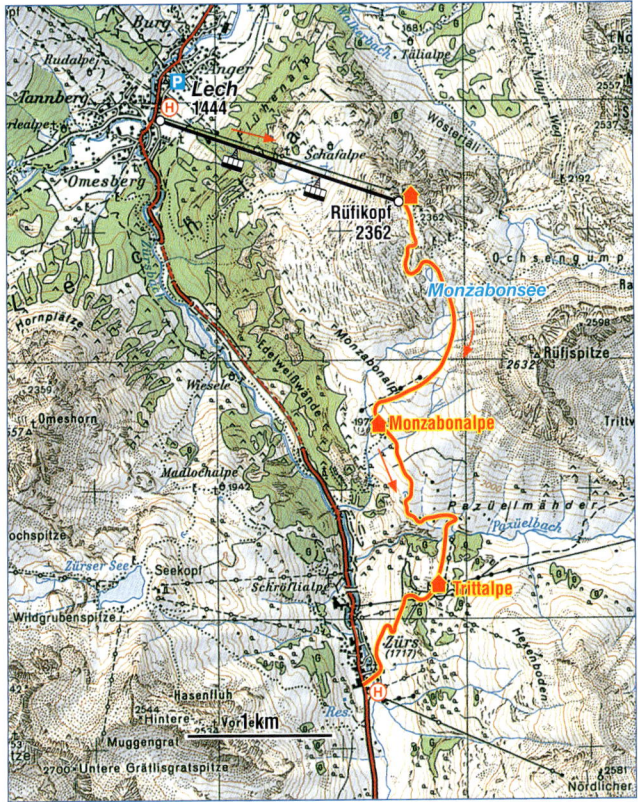

bonsee. Interessant ist auch die große Fläche rechts des Weges mit den Kalkfelsen, die wie ein kleiner Gletscher aussieht. Am See folgen wir dem breiten Weg Nr. 44, der nach rechts leicht bergab führt. Nach zehn Minuten biegen wir im rechten Winkel nach rechts ab und steigen auf einem Wiesenweg in zehn Minuten hinab zu einem großen Felsklotz. Links des Weges verläuft ein kleines Tobel, außerdem hören wir immer wieder die Murmeltiere pfeifen, an deren Löchern wir vorbeikommen. Der Felsklotz ist wohl vor langer Zeit von der Rüfispitze herabgekullert und bietet sich zum Besteigen und Jausnen an.

Nun zieht der Pfad nach links und ist auch nicht mehr so steil. Entlang des Baches wandern wir zur Monzabonalpe. Hier

Wenn man sie nicht erschreckt, lassen sich die Kälbchen gerne streicheln.

müssen wir uns entscheiden. Man könnte zwischen den Gebäuden nach rechts hindurchgehen, steil hinab zur Straße absteigen und auf ihrer linken Seite zurück nach Lech wandern. Hierzu muss man etwa 1¾ Stunden kalkulieren.

Schöner ist es allerdings, wenn wir nach Zürs weiterwandern, bis dorthin brauchen wir etwa 1 Stunde. Wir spazieren an der Alpe geradeaus weiter, nun auf einem Fahrweg. Links des Weges sehen wir das Massiv der Rüfispitze, die weiß leuchtend aus grünen Alpmatten emporragt. Mit herrlicher Aussicht auf Zürs und die umliegende Bergwelt und vorbei an einigen alten Heuhütten kommen wir hinab ins Pazüeltal. Hier stürzt der Pazüelbach mit einem schönen Wasserfall von links herab. Danach geht es fünf Minuten aufwärts, dann müssen wir uns an einer Verzweigung entscheiden, ob wir noch fünf Minuten hinauf zur Trittalpe gehen und einkehren wollen. Ansonsten biegen wir nach rechts ab und wandern in rund zwanzig Minuten hinab nach Zürs. Auch wer auf der Trittalpe eingekehrt ist, wandert auf diesem Weg hinab.

An der Kirche haben wir noch einmal die Möglichkeit, nach rechts abzubiegen und in 1½ Stunden nach Lech zurückzuwandern. Der Weg führt erst rechts, dann links der Straße. Vermutlich werden die Kinder jedoch die Fahrt mit dem Bus vorziehen. Wir gehen hierzu vor bis zur Bundesstraße, hier liegt die Bushaltestelle „Zürs-Postamt".

Durch die Breitachklamm
Eine der wildesten Klammen!

Tour 45

Parkplatz Breitachklamm — Zwingsteg — Parkplatz — 2 Std.
1 Std. / 130 Hm — 1 Std. ↘ 130 Hm — ↗ 130 Hm ↘ 130 Hm

Kleinwalsertal

Geeignet ab: etwa 6 Jahren
Charakter: Leichter Spaziergang auf gutem Weg
Gehzeit: Etwa 1 Std., wenn man nur in der Klamm vor und zurück geht, etwa 2½ Std., wenn man die Wanderung erweitert.
Höhenunterschied: Etwa 130 Hm
Ausgangspunkt: Parkplatz Breitachklamm
Anfahrt: Von Bregenz aus nach Deutschland und auf der B 308 über Oberstaufen und Immenstadt nach Sonthofen. Hier weiter nach Süden und kurz vor der Einfahrt ins Kleinwalsertal vor der Breitachbrücke der guten Beschilderung zum Klammeingang folgen.

Eine weitere Möglichkeit ist, wenn man durch den Bregenzerwald über Lingenau und Hittisau zum Riedbergpass fährt, dann hinab ins Illertal und in Fischen nach rechts in Richtung Oberstdorf. Von Oberstdorf bzw. dem Kleinwalsertal gibt es auch eine Busverbindung.
Auskünfte: Kleinwalsertal Tourismus, Tel. 05517/5114-0; Verkehrsamt Oberstdorf, Tel. 0049/8322 700-0; Klamm, Tel. 0049/8322 4887
Öffnungszeiten: Sommer 8–17 Uhr, Winter 9–16 Uhr. Während der Schneeschmelze geschlossen.

Die 1905 eröffnete Breitachklamm liegt im Grenzbereich zwischen dem Kleinwalsertal und dem angrenzenden Oberstdorf im Allgäu. Der 1780 Meter lange Weg wurde teilweise in den Fels gesprengt und führt an Wasserfällen vorbei, über Strudellöcher, Felsstufen und Kaskaden; es tost und tobt, es röhrt und pfeift und in Kolken und Wassermühlen dreht sich das Wasser. Die seltsamen Kugelfacetten, die man beim Hochblicken sieht, sind die Reste einstiger Wassermühlen, die entstanden, als die Klamm noch nicht so tief ausgeschürft war. In solchen Wassermühlen wurden durch die Kraft des Wassers Steine ins Kreiseln gebracht und sie vertieften durch ihre schmirgelnde Wirkung die Schlucht. Wurden die Seitenwände zu dünn, brachen sie aus. Auch heute noch geht die Arbeit der Natur weiter und die Breitach gräbt sich immer tiefer in den Fels ein.

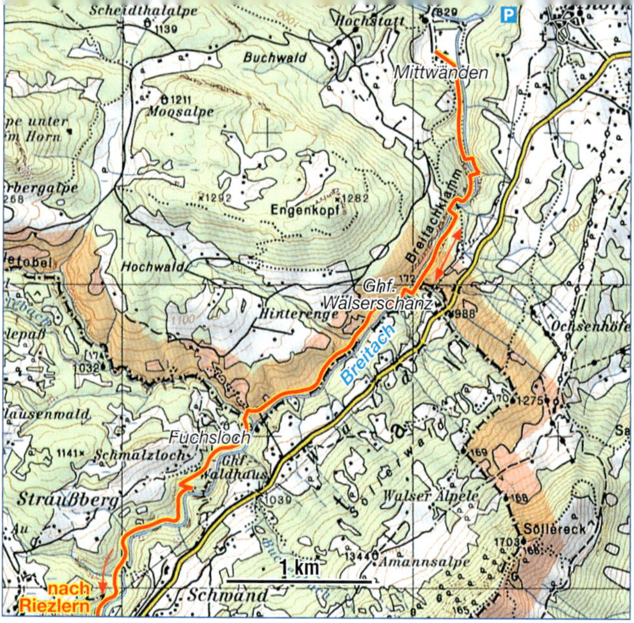

Wegverlauf

Wir durchwandern die Klamm vom Ausgangspunkt bis zum hinteren Eingang, von dort aus gehen wir gemütlich auf demselben Weg wieder zurück.

Varianten

Der Zwingsteg am oberen Ende der Schlucht führt nach einem kurzem An-

Die Breitachklamm ist von hohen Felswänden umschlossen.

Auf dem Weg durch die Klamm gewinnt man einen guten Einblick in die gewaltige Kraft des Wassers.

stieg zur Straße. Von hier aus fährt man mit dem Bus zurück.

Man kann aber auch am oberen Ende der Schlucht den Wegweisern nach Riezlern folgen, das man auf gemütlichem Weg entlang der Breitach nach ca. 2 Stunden erreicht. Zurück geht es mit dem Walserbus (Hauptsaison meist im 10 bzw. 20 Minuten Takt).

Tipp

Die Besichtigung der Breitachklamm ist alleine nur ein kurzer Spaziergang, der durch die vielen interessanten Details jedoch länger ausfallen wird, als man es vorher vermutet. Die Klamm ist aber nicht nur im Sommer ein Erlebnis: Im Winter erweckt sie den Eindruck einer faszinierenden Kristallwelt.

Tour 46: Im Schwarzwassertal
Eine Naturbrücke, Wasserfälle und Auswaschungen

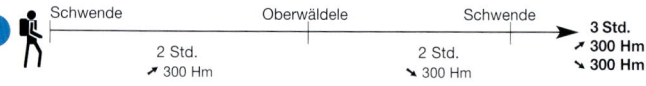

Geeignet ab: etwa 10 Jahren. Wenn einem die gesamte Tour zu lang vorkommt, oder wenn man kleinere Kinder dabei hat, kann man einfach nach der Naturbrücke wieder umkehren.
Charakter: Einfache, abwechslungsreiche Wanderung auf gepflegten Wegen, einmal steigt man auf einer Leiter hinunter.
Gehzeit: Etwa 4 Std.
Höhenunterschied: Etwa 300 Hm
Ausgangspunkt: Riezlern, Schwende

Anfahrt: Von Bregenz aus nach Deutschland und auf der B 308 über Oberstaufen und Immenstadt nach Sonthofen. Hier weiter nach Süden und der Beschilderung ins Kleinwalsertal folgen. Eine weitere Möglichkeit ist, wenn man durch den Bregenzerwald über Lingenau und Hittisau zum Riedbergpass fährt, dann hinab ins Illertal und in Fischen nach rechts in Richtung Oberstdorf.
Auskünfte: Kleinwalsertal Tourismus, Tel. 05517/51140

Bei diesem Naturlehrpfad sieht man verschiedene geologische und botanische Sehenswürdigkeiten. Auch sollte man auf die verschiedenen Strudellöcher achten, die im Laufe der Jahrtausende ausgewaschen wurden. Sie wurden dadurch ausgeschliffen, dass Steinmaterial durch die Kraft des Wassers wie in einer Mühle im Kreis herum gewirbelt wurde.

Interessant ist auch die Naturbrücke, zu der man auf einer Leiter hinabsteigt. Sie liegt etwa fünfzig Meter oberhalb der Einmündung des Aubaches in den Schwarzwasserbach und besteht aus dem wasserdurchlässigen Schrattenkalk. Sie besitzt rund fünf Meter Spannweite. Der Bach hat sich hier nicht in das Gestein eingeschnitten, sondern floss früher durch die bei der Gebirgsbildung entstandenen Gesteinsklüfte unterirdisch. Das Höhlendach löste sich auf, und gerade diese Brücke, auf der sogar zwei mittlerweile über 15 Meter hohe Fichten wachsen, blieb noch stehen.

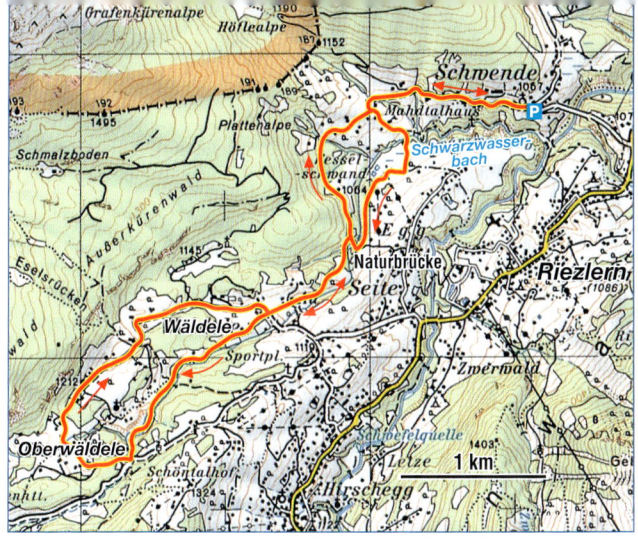

Wegverlauf

Aus Richtung Oberstdorf kommend biegen wir am Anfang von Riezlern nach rechts ab nach Schwende. Hier gibt es kurz nach der großen Brücke bei der kleinen Kapelle einen Parkplatz. Von der Kapelle weg spazieren wir auf dem Sträßchen bis zum Mahdtalhaus und wandern rechts am Haus vorbei hinab ins Schwarzwasserbachtal. Nach dem Bach kommen wir zum Hochmoor Höfle und halten uns an der Verzweigung rechts in Richtung „Naturbrücke", dann gleich wieder links. Etwas später sehen wir auf der rechten Seite den ersten Wasserfall. Nach ihm orientieren wir uns rechts, dann gleich wieder links. Dann steigen wir auf einer Eisenleiter hinab zur Naturbrücke.

Auch Wasserfälle sind auf dem Naturlehrpfad zu sehen.

Unterwegs überrascht uns immer wieder die wilde Natur.

Kurz darauf treffen wir auf einen querenden Weg. Der rechts von uns fließende Bach ist der Aubach. Wer will, geht auf seiner linken Seite bis zur mächtigen Quelle. Ansonsten zweigen wir nach links ab. Nun wandern wir weiter bis Au; dieses Wegstück benützen wir auch für den Rückweg.

Wir gehen nun geradeaus weiter, rechts am Sportplatz entlang. Es folgen weitere Wasserfälle, an denen wir vorbeispazieren, teilweise kommt man auch auf Pfaden näher an sie heran. Dabei sollte man wegen der Absturzgefahr mit Kindern besonders vorsichtig sein. Einer der schönsten und größten der Wasserfälle stürzt in einigen Kaskaden herab und ist vierzig Meter hoch. Hier befinden sich auch die Strudellöcher.

Wir verlassen den Wald und spazieren durch eine schöne Auenlandschaft. Der Bach gebärdet sich nun ganz friedlich; danach sehen wir einen weiteren Wasserfall. Der Weg schraubt sich dann in Serpentinen hoch zu einer Straße. Wenn wir kurz vor ihr nach rechts hinaus auf eine Brücke gehen, sieht man in einem wilden Kessel den letzten Wasserfall dieser Tour.

Nun gehen wir auf der Straße kurz nach rechts, gleich darauf nochmals rechts. Wir wandern unterhalb der Kürenfelsen, der unteren Begrenzung der Gottesackerwände, zurück. Das Asphaltsträßchen führt uns durch Wäldele, bis wir nach links zu einem alten, knorrigen Ahorn verwiesen werden.

Etwas später geht es hinab zum Sportplatz von Au. Hier wandern wir auf bekanntem Weg nach links bis zum Schild „B". Es weist nach rechts zur Naturbrücke; wir behalten aber unsere Richtung bei, gehen nach der Brücke über den Aubach wieder etwas hinauf und spazieren zurück zum Ausgangspunkt.

Auf dem Höhenweg
Bergab im Kleinwalsertal

Tour 47

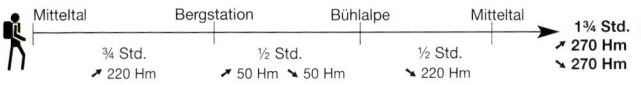

Mitteltal	Bergstation	Bühlalpe	Mitteltal	1¾ Std.
¾ Std.	½ Std.	½ Std.		↗ 270 Hm
↗ 220 Hm	↗ 50 Hm ↘ 50 Hm	↘ 220 Hm		↘ 270 Hm

Geeignet ab: etwa 6 Jahren, mit Aufstieg ab etwa 8 bis 10 Jahren, je nachdem, wie motiviert und ausdauernd das Kind ist
Charakter: Wir wandern ständig auf guten, geschotterten Wegen.
Zeit: ab Bergstation etwa 1 Std., Aufstieg zusätzlich etwa ¾ Std., Abstecher Stutzalpe etwa ½ Std.
Höhenunterschied: ab Bergstation etwa 50 Hm, ab Tal etwa 220 Hm zusätzlich, Abstecher Stutzalpe weitere 50 Hm

Ausgangspunkt: Mitteltal, Talstation Walmendingerhornbahn, Parkplätze vorhanden
Anfahrt: von Oberstdorf aus durch das Kleinwalsertal bis zur Talstation des Liftes
Öffentliche Verkehrsmittel: Walserbus 1 und 4 bis Haltestelle Mitteltal
Auskünfte: Kleinwalsertal Tourismus, Telefon 05517/51140
Einkehrmöglichkeit: Bergstation, Bühlalpe, Stutzalpe

Kleinwalsertal

Den Aufstieg zu dieser Wanderung auf einem prächtigen Höhenweg kann man kräfteschonend mit dem Sessellift absolvieren, so dass auch Kinder, die schnell müde werden, gut mithalten können. Außerdem findet sich auf der Strecke immer wieder eine Bank zum Ausruhen und es geht stetig eben oder bergab. Wer die Tour ohne Aufstiegshilfe oder zu Zeiten unternehmen will, an denen der Lift nicht fährt, kann auch in nicht einmal einer Stunde die Höhe erklimmen. Unterwegs sieht man immer wieder hinüber ins Gemsteltal, wo Wanderung Nr. 48 stattfindet, ein Anlass, um in Erinnerungen zu schwelgen oder auch Vorfreude zu empfinden.

Wegverlauf

Wir gehen vom gebührenpflichtigen Parkplatz der Walmendingerhornbahn zur Kirche und weiter bis zur Talstation des Zafernaliftes. Mit ihm fahren wir hinauf zur Bergstation.
Wenn wir hinaufwandern wollen, biegen wir nach der Kirche links ab in die Straße „Schützabühl". Nach den Häusern steigen wir durch die Weiden hinauf. Wir kommen an einem alten

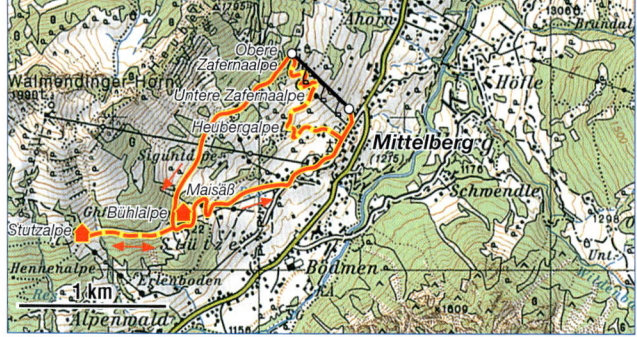

Heinzen vorbei, danach an der Unteren Zafernaalpe. Nach ihr werden wir nach links zur Bergstation („Obere Zafernaalpe") verwiesen.

Hinter dem Sessellift gehen wir zum Wegweiser, wo wir uns links in Richtung „Bühlalpe" halten. Nun geht es fast eben dahin, auf einem meist sehr schönen und aussichtsreichen Weg bis zu dieser. Wer will, kann hier noch etwa eine Viertelstunde zur Stützalpe aufsteigen, anschließend aber wieder hierher zurückkehren. Ansonsten biegen wir links ab.

Kurz nach der Bühlalpe halten wir uns an der Verzweigung links. Jetzt geht es in vielen Serpentinen erst durch ein Stück Wald hinab zum Maisäß, danach durch die Wiesen zurück zum Ausgangspunkt.

Blick vom Höhenweg ins Kleinwalsertal und zum Beginn des Gemsteltales

Im Banne des Widdersteins
Leicht hinauf ins Gemsteltal

Tour 48

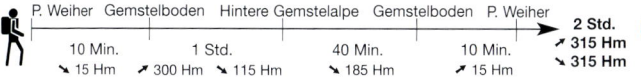

P. Weiher — Gemstelboden — Hintere Gemstelalpe — Gemstelboden — P. Weiher | 2 Std.
10 Min. / 1 Std. / 40 Min. / 10 Min. | ↗ 315 Hm
↘ 15 Hm / ↗ 300 Hm / ↘ 115 Hm / ↘ 185 Hm / ↗ 15 Hm | ↘ 315 Hm

Geeignet ab: etwa 8 Jahren
Charakter: Wir wandern auf guten, geschotterten, für Kinder problemlosen Wegen.
Zeit: etwa 1¾ Std.
Höhenunterschied: etwa 315 Hm
Ausgangspunkt: gebührenpflichtiger Parkplatz Weiher zwischen Mittelberg und Baad

Anfahrt: von Oberstdorf aus durch das Kleinwalsertal bis zum Parkplatz
Öffentliche Verkehrsmittel: Walserbus 1 bis Bushaltestelle Weiher
Auskünfte: Kleinwalsertal Tourismus, Telefon 05517/51140
Einkehrmöglichkeit: Bernhards Gemstelalpe, Hintere Gemstelalpe

Kleinwalsertal

Diese Wanderung steht ganz im Banne des Widdersteins, zu dessen Füßen die beiden Almen liegen, die wir besuchen. Beide Alpen befinden sich direkt unter dem markanten, stark zerklüfteten Widderstein und dem Kleinen Widderstein, der wie eine Zacke gen Himmel strebt. Der Weg steigt gemächlich an, es gibt Einkehrmöglichkeiten und die prächtige Natur lockt mit Baumungetümen und dem wilden Gemstelbach, zu dem man nach der Hinteren Gemstelalpe und gegen Schluss der Tour auch hinabgehen kann. Unterwegs kommen immer wieder Bänke, auf denen sich müde Kinderbeine ausruhen können.

Wegverlauf

Parkplatz und Bushaltestelle liegen nebeneinander. Von diesen aus gehen wir in Richtung „Gemsteltal" drei Minuten hinab bis zur Breitach und halten uns vor ihr links. Nach ein paar Minuten überqueren wir beim Schild „Gemstelboden 1160 m" den Bach nach rechts und gehen links hinauf zu dem Haus. Nun folgen wir immer dem Weg, der zeitweise eben, teilweise auch leicht ansteigend ins Gemsteltal hineinführt. An einer Verzweigung halten wir uns rechts, anschließend steigt der Weg leicht an bis zu Bernhards Gemstelalpe, fünf Minuten danach zweigt unser Rückweg links ab.

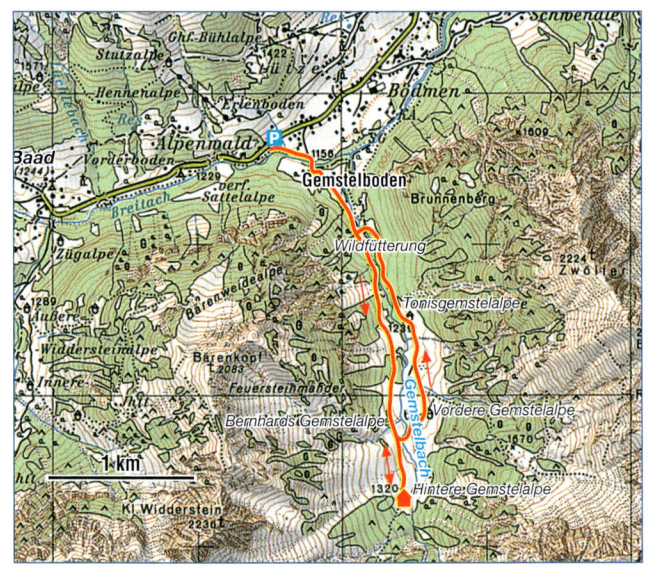

Unterwegs kommt man an einigen alten Almhütten vorbei.

Heuschober lockern die Landschaft auf.

Keine Angst: Der Steinbock ist nur ein Kunstwerk.

Wer will, kann jedoch noch fünf Minuten bis zur Hinteren Gemstelalpe gehen, die vor dem arenaartigen Talschluss liegt. Hier ist der Bronzesteinbock eine sehenswerte „Gartenzier", die auch Kinder erfreut.

Nach der Hinteren Gemstelalpe drehen wir um und halten uns an der Verzweigung rechts. Wir wandern vorbei an der Alpe Gemstel-Schönis-Boden, bei der man auch ausgezeichneten Käse kaufen kann. Der Weg führt uns immer abwärts, nach den beiden Gebäuden, die zur nicht bewirtschafteten Tonis Gemstelalpe gehören, schließlich direkt am wild schäumenden Gemstelbach mit seinen kleinen Wasserfällen vorbei.

An einer Brücke zweigen wir links ab und kommen zu dem Weg, den wir noch als Aufstiegsweg kennen. Nun wandern wir auf bekanntem Weg zurück.

Ortsregister

Alt-Ems, Ruine 4, 37, 39
Andelsbuch 63, 65, 66, 69, 79
Ardetzenberg 4, 40

Bartholomäberg 107, 108, 110, 112
Bezau 60, 66, 69–71, 77
Bielerhöhe 133
Bildstein 27, 29, 30
Blauer See 5, 72
Blumenegg, Ruine 5, 85–87
Bodensee 4, 5, 11, 14, 15, 17–19, 21–25, 27, 30-32, 34, 37, 40, 43, 66, 67, 72, 73, 79, 118
Bödele 5, 60–62
Brand 5, 56, 86, 95, 104, 105
Bregenz 4, 5, 11, 14–19, 21, 24, 27, 29, 46, 48–51, 54, 57, 60, 63–66, 69, 72, 76, 79, 82, 100, 153, 156
Bregenzerach 4, 5, 48, 50, 63, 64
Breitachklamm 6, 153–155
Buchboden 100, 103
Bürs 5, 92, 94, 140, 141, 144, 145

Damüls 72, 76–78
Diedamskopf 5, 67, 79, 80
Dornbirn 27, 31, 34, 51, 54, 57, 60, 63, 66, 69, 79, 82, 135, 140, 146, 150

Elsenkopf 76, 77
Engenlochschlucht 5, 54–56

Fallersee 88, 89, 91
Faulensee 6, 107–109
Feldkirch 40, 42, 43, 45

Fenggatobel 6, 128, 130
Fohramoos 5, 60–62
Formarinsee 6, 135, 136, 139
Fritzensee 6, 107, 109
Fußach 21, 24

Gafierjoch 6, 124–127
Gaißau 24, 25
Gandasee 124–127
Gargellen 124
Gaschurn 128
Gebhardsberg, Ruine 14, 15
Glopper, Schloss 37, 38
Göfis 43, 45
Gortipohl 121, 122
Gütle 34, 36

Hard 14, 15, 21, 24, 161, 162
Herzsee 6, 118, 119
Hittisau 46, 54–57, 153, 156
Hochtannbergpass 82, 83, 135, 140, 146, 150
Hohenems 37–39

Kalbelesee 5, 82–84
Karren 4, 31, 32, 136, 137
Klamm 6, 35, 97, 153–155
Körbersee 5, 82–84

Langenegg 48–51
Latschau 115
Lech 118, 120, 135, 136, 140, 141, 143, 144, 146, 148–150, 152
Lochau 18
Lünersee 5, 95, 104–106

Marul 5, 98, 99
Mittelberg 161
Möggers 4, 11

Montiolaweiher 85, 86, 88–90
Monzabonsee 6, 150

Niedere 5, 66, 67

Oberstdorf 153, 156, 157, 159, 161

Partenen 131-133
Pfänder 4, 11, 14, 17–20, 23
Portlahorn 73

Reute 37, 38, 48, 49, 54, 56
Riefensberg 4, 46, 57
Riezlern 154–157
Rüfikopf 6, 150

Schafbergsee 125, 126
Schattenburg 42
Schoppernau 9, 79, 81
Schröcken 82–84
Schruns 88, 107, 108, 111, 115, 118, 119, 121, 124, 133

Schwarzenberg 60, 63–65
Schwarzer See 4, 43, 44
Schwarzsee 6, 118, 120
Schwende 27, 46, 51, 54, 57, 156, 157
Sigburg, Ruine 4, 43, 45
Silbertal 6, 108, 110, 111
Silvrettasee 6, 133
Spullersee 6, 146, 148,149
Staufensee 34, 35
St. Gallenkirch 121–124
Sünser See 5, 72–75
Sünser Spitze 72, 73

Thüringen 5, 85–88, 91, 100
Torasee 6, 107, 110
Totalpsee 106
Tschagguns 115

Weiher 38, 86, 88, 161
Wiegensee 6, 131, 132

Zürs 135, 140, 146, 150, 152

 **TYROLIA**   www.tyrolia-verlag.at

Wege zum Gipfelglück im Ländle

Heike Bechtold
Das große Vorarlberger Gipfelbuch
101 x hoch hinaus

Dieses reich bebilderte Guidebook stellt die schönsten Berggipfel in Vorarlberg vor, die in der Regel für Wanderer als Halbtages- oder Tagestouren gut zu bewältigen sind. Wer dieses Werk zu seinem persönlichen Gipfelbuch macht, kann sich die ganze Vielfalt und Schönheit der Bergwelt des „Ländles" erobern.

240 Seiten; 101 Tourenvorschläge, 425 farbige Abb.
und 101 Karten mit eingezeichnetem Routenverlauf
sowie 2 Übersichtskarten, Broschur
ISBN 978-3-7022-3934-3

 **TYROLIA**   www.tyrolia-verlag.at

Wanderparadies Bregenzerwald

Rudolf Berchtel
Wanderbuch Bregenzerwald
Wandern und genießen, Natur und Kultur entdecken

Dieser Wanderführer stellt 33 Themenwanderungen im Bregenzerwald vor. Kulturwege, historische Wege, Sagenwege, Alpwege, Naturlehrpfade, Familienwege, Wasserwege und Gipfelwege erschließen Fauna und Flora und vermitteln zugleich reizvolle Erlebnisse für alle Sinne.

176 Seiten, 147 farb. u. 1 sw. Abb.,
41 Kartenausschnitte, Routenvorlauf
und Streckendiagramme, Klappenbroschur
ISBN 978-3-7022-2996-2

Alle Angaben in diesem Führer wurden sorgfältig recherchiert und erfolgen nach bestem Wissen des Autors. Sollten Sie trotzdem Unstimmigkeiten entdecken, nehmen Autor und Verlag gerne Verbesserungsvorschläge und Korrekturhinweise entgegen (buchverlag@tyrolia.at).
Die Benutzung dieses Führers geschieht auf eigenes Risiko.
Eine Haftung für etwaige Unfälle und Schäden wird aus keinem Rechtsgrund übernommen.

5., korrigierte Auflage 2021
© 2006 Verlagsanstalt Tyrolia, Innsbruck
Umschlaggestaltung und Layout: Tyrolia-Verlag, Innsbruck
Titelbild: Archiv Montafon Tourismus, www.montafon.at
Bildnachweis: S. 9: Au-Schoppernau Tourismus, S. 16: Bregenz Tourismus & Stadtmarketing, S. 36: Rolls-Royce Museum Franz Vonier GmbH 2000, S. 67: Bergbahnen Diedamskopf/Foto Walser, S. 78: Damüls Tourismus (Fotografie: www.felder-images.com), S. 82: Tourismusbüro Warth (Rast am Körbersee, Warth-Schröcken)/Fotograf: Peter Mathis, S. 133: Wikipedia; alle übrigen Fotos stammen von Dieter Buck.
Karten: Kartenausschnitte im Maßstab 1:50.000 sowie die Übersichtskarte im Maßstab 1:500.000 © BEV-2021, vervielfältigt mit Genehmigung des BEV – Bundesamtes für Eich- und Vermessungswesen in Wien, N2021/92027
Routeneintragungen: Rolle-Kartografie, D-Holzkirchen, nach Vorlagen des Autors
Lithografie: Athesia-Laserpoint, Innsbruck
Druck und Bindung: FINIDR, Tschechien
ISBN 978-3-7022-3175-0
E-Mail: buchverlag@tyrolia.at
www.tyrolia-verlag.at